कहने को कुछ नहीं होता

(कविताएँ)

कहने को कुछ नहीं होता

गायत्रीबाला पंडा

अनुवाद

राजेंद्र प्रसाद मिश्र

प्रलेक प्रकाशन प्राइवेट लिमिटेड

*in association with JVP Publication Pvt. Ltd.

ISBN : 978-93-909169-8-6

पहला सजिल्द संस्करण : सितम्बर 2021

प्रकाशक

प्रलेक प्रकाशन प्राइवेट लिमिटेड

PRALEK PRAKASHAN PVT. LTD.

702, जे/50, एवेन्यू-जे, ग्लोबल सिटी,

विरार (वेस्ट), ठाणे, महाराष्ट्र-401303

दूरभाष : 9987032902 / 7021263557

Whatsapp : 9833402902

Email : pralek.prakashan@gmail.com

Website : www.pralekprakashan.com

कहने को कुछ नहीं होता : गायत्रीबाला पंडा

Kahane ko kuchh nahin hota : *Poems* of Gaytribala Panda

आवरण : प्रकाश महापात्रा

पुस्तक सज्जा : प्रलेक स्टूडियो

क्रम

हो सकता है

हो सकता है
मैं गुमराह कर दूँ तुम्हें
इन शब्दों के खेल में।

कुछ शब्द उद्धत धूप बन नाच रहे हैं हाइवे पर
कुछ अँधेरा ओढ़ सो रहे हैं बस्ती में
तो कुछ मांस का लोथड़ा बन लटक रहे हैं
बंदूक के बॉयनट में
कुछ शब्द गच्छेभर तारे बन खिलते हैं आकाश में
कुछ मनुष्य के शब बन बह रहे हैं नदी की बाढ़ में
कुछ पाँच रुपए के आहार के लिए खड़े हैं कतार में
तो कुछ कागज की नाव बन
बहते जा रहे हैं धमनियों में।

कुछ शब्द मध्याह्न भोजन की दाल सुड़कते हुए
रट रहे हैं पहाड़ा दो दूनी चार
कुछ शब्द विदेशी शराब की बोतल से
उड़िल रहे हैं कीमती गिलासों में
कुछ शब्द बुझे चूल्हे में दहक रहे हैं अंगारे बन
कुछ शब्द दरख्वास्त लिए हाँफते हुए
चढ़ रहे हैं नौ मंज़िली सीढ़ियाँ
कुछ शब्द बहते बादल बन
मँडरा रहे हैं प्रेमिका की आँखों में
कुछ शब्द बलात्कार पीड़िता के घाव से
झर रहे हैं रक्त-प्रपात बन,

तो कुछ इत्र की तरह महक रहे हैं
गणिका की वक्ष-संधि में।

कुछ शब्द हैं तरह-तरह के लोकगीत की धुन
कुछ हैं गुलमोहर के लाल फूलों का गुच्छा
तो कुछ हैं टूटे पाजेब का रुनझुन स्वर

कुछ शब्द हैं गलत डायल हुआ कोई फ़ोन नंबर
कुछ हैं किसी अतृप्त इच्छा का छह फुट्टा कंकाल
कुछ शब्द हैं जगजीत सिंह के कंठ की उदास ग़ज़ल
तो कुछ कवि भीम भोई के
'जगत का उद्धार हो' की हू-ब-हू नकल।

जानती हूँ, तुम पड़ चुके हो गोरखधंधे में।
जिस धंधे में पड़ी हूँ मैं भी चिरकाल
उलझती रही हूँ, घुलती रही हूँ,
घाव बनी हूँ, घायल हुई हैं।
कह सकते हो किस्मत, कह सकते हो कर्मफल।

भला इसमें मेरा क्या दोष ?
खुद को खोप-खोंपकर खाना भी
एक चमत्कार नशा है
फिर से खुद को हुसकाकर उड़ा देना
और उड़ जाना, फिर राह भटकना—
क्या ये सहज ही पकड़ में आती हैं
किसी की आँखों में ?
जान-बूझकर अंधा हो जाना भी
विधि का विधान है।

हो सकता है,
मेरा अंधापन वह कागज की नाव
बह रही है तुम्हारी आँखों के आश्चर्य झील में,
राह भटक जाने में जो आनंद है
किसी मतवाले के सिवाय कौन जान सकता है !

देश के साथ एक सेल्फी

देश के साथ एक सेल्फी लेने
पहुँच जाती हूँ मैं न जाने कहाँ-कहाँ
दादरी, गोदरा और गोरखपुर
दिल्ली, हरियाणा और हैदराबाद।

जहाँ दिल्ली-हरियाणा ट्रेन में
चाकू घोंपकर हत्या कर दी गई जुनैद की
बिना अपराध के।
ईद मनाने के लिए कपड़े खरीदने
गया था वह दिल्ली, बड़े उत्साह से।

मैं पहुँच जाती हूँ रोहित वेमुला के कमरे में,
पढ़ती हूँ उसकी चिट्ठी जो लिखी थी उसने
आत्महत्या से ठीक पहले, जो चिट्ठी मेरे
अंत:करण में धधका सकती है आग
किसी भी क्षण।

एक गोमांस भरे ट्रक को
जला दिया गया राष्ट्रीय राजमार्ग पर
जिसका धुआँ अब तक मँडरा रहा है खंडमंडल में
ट्रेन में जला दिए गए
अयोध्या से लौटते कारसेवक गोदरा में
हिंदू होने के कारण

दादरी में बलि चढ़ाए गए मोहम्मद अखलाक़ का
मुसलमान होना भी सहज ही
अपराध माना जाता है इस देश में।

कटे मांस, उबले मांस, जले मांस को लेकर
राजनीति करनेवाले लोग
मानती हूँ, मैं धर्म के आगे
हिंदू लिखती हूँ फॉर्म भरते समय
मैं मंदिर जाती है, दीया जलाती हूँ, प्रार्थना करती हूँ
किंतु धर्म कहने पर मैं मानवता ही समझती हूँ।

तुम्हारे लिए हो सकता है देश
किसी खेल के मैदान का फुटबॉल
या लुडू का साँप-सीढ़ी खेल
जहाँ धर्म को लेकर, जाति को लेकर
भाषा को लेकर, भावना को लेकर
ज़मीन को लेकर, आदमी को लेकर
जारी रहता है खेल
खून का, राजनीति का।

मेरे लिए देश है
एक विस्तृत विश्वास
मानवता का एक दस्तावेज़।

जिस देश में मेरा घर है
उसी देश के बारे में मैं सोचती हूँ,
सपने देखती हूँ, परेशान रहती हूँ
नींद में बड़बड़ाती हूँ।
कहीं कुछ हादसा होने पर
दर्द से कराहती हूँ।

कश्मीर हो या कन्याकुमारी
कच्छ हो या अरुणाचल
देश मेरा है, मेरा है देश

मानवता ही धर्म है मेरा, लगाओ मोहर।
बस इतना ही कहना चाहती हूँ मैं
दबाओ मत आवाज मेरी।

लालटेन

यह सच है कि
मेरे भीतर निरंतर जल रही है
एक लालटेन खूब तेज
रह-रहकर उसका ताप झेल रही हूँ मैं,
उसकी कालिख लिसती जा रही है
मेरे एक-एक अंग में।

अनेक अनेक क्षय-क्षति को राह दिखाती
चली जा रही है वह लालटेन
क्षय-क्षति को भोगना आदत-सी बन गई है मेरी
अब मैं पुकार सकती हूँ उसे विलास के नाम से।

उस विलास को पाप का नाम दे चुके हैं कोई-कोई।
मेरी आत्मा की छोर पर उगे चाँद से
और भी चमकीली हो
जल रही है लालटेन मेरी कामनाओं में
दुनिया की तिरछी नज़र
देखते हुए भी अनदेखी कर देती हूँ मैं
अति बेपरवाह-सी।

तेज आँधी-तूफान में भी
बुझती नहीं वह लालटेन
विपुल घावों के बीच से
उठ आता है एक हाथ

उसे तेज कर देता है कोई
मैं दहक उठती हूँ एक आदिम ताप से
भूख का ताप आदिम और आवश्यक है हमेशा।

अब यह सवाल निरर्थक है
राह भटकने की इच्छा ही क्यों की
तुम्हारी आँखों में !

इससे ज्यादा और कुछ नहीं कहना मुझे
लालटेन के बारे में।

पतंगा

कितना आसान है
खप्प से कूद पड़ना
आग में !

ऐसे ही आकर्षित करती है मौत
इतनी लुभावनी लगती है कि
कोई भी भूल जाएगा खुद को।

नसीब को कोसने का वक़्त नहीं होता
आग चाट जाती है सारा कुछ
हवा में जलाँध-मँडराती रहती है।

भयभीत नहीं दिखता कोई
न समय, न ईश्वर
कभी न कभी तो एक भूल कर बैठना है
कभी न कभी तो खो जाना है शून्य में
कभी न कभी दायित्व मुक्त हो जाना है
धरती से।

आग का कपट भी कितना चमत्कारी है देखो,
आदिम कोलाहल को
पल में बदल देता है खामोशी से,
पिंड को राख में, कितने आकस्मिक रूप से।

अंधे को नहीं दिखते आग, पतंगा, मौत
एक प्लेटफॉर्म से दूसरे की दूरी
पृथ्वी का आकार कैसा है
एक रुपए के सिक्के या कागजी नीबू-सा।

पतंगे को भी नहीं दिखती आग और मौत
दिखती है तो सिर्फ लालसा के भीतर
कूद पड़ने की अकुलाहट।

जीवन और है ही क्या !
मछली के काँटे-सा समय-असमय
गले में फँसे हाहाकर के सिवाय।

दंगा

प्रार्थना के शब्द कभी-कभी
फूल बन खिल उठते हैं
तो कभी बदल जाते हैं
राख में।

अपना-अपना शव ढोते
चले जा रहे हैं लोग
राजमार्ग पर
लोग नहीं जानते
कैसे शोक मनाया जाता है
मौत में।

पाना, खोना

जिस दिन
पहली बार तुम्हें पाया
खुद को खो दिया
हमेशा के लिए।

पाने और खोने
खोने और पाने के बीच का
फ़र्क क्या प्यार है !

खुद से पूछा
और खामोश रह गई।

प्रेम

विश्वास करो
मैं तुम्हें चाहती हूँ।

पर इतनी-सी बात कहने में
सारा जीवन बीत गया मेरा
उत्कंठा में, प्रतीक्षा में

पानी को पानी
हवा को हवा
पृथ्वी को पृथ्वी
कह न सकी कभी जीवन भर

तो फिर
प्रेम जैसा एक शब्द
कैसे उच्चरित कर पाती
इतनी आसानी से !

पाप

पाप की अनेक परिभाषाओं में
तुम्हारा मुझे छूना
भी एक पाप है

लोग नहीं जानते
तुम्हारे स्पर्श से कैसे
झलक उठती है मेरी नग्नता

जबकि नग्नता कहने से मैं समझती हूँ
अपनी आत्मा का एकाकीपन
जिसे लोग समझते हैं खुली देह

अपनी भावनाओं के आगे
सबको विश्वस्त होना चाहिए
इतनी-सी सांत्वना है मेरी।

खयाल

देर रात
मैं खुद को चाकू भोंकता हूँ
और लहूलुहान करता हूँ।

खुद को यंत्रणा देना हो सकता है
एक पागलपन
या बुरा खयाल
या ज़रूरी आवश्यकता
इस तरह अपने तरीके से जीना
मुझे अच्छा लगता है।

रात के समय
कोई देखनेवाला नहीं होता इन्हें
अँधेरा बहुत बदनाम है
इस शहर में।

दिन के उजाले में तो कई बार
सूर्य को भी चाकू भोंक देता हूँ
लोगों को तेज रंग पसंद है
वह सूर्य किरण हो
या छिटका हुआ ताजा खून
लाल तो लाल है
एक खयाल है।

पोस्टर

तुम्हारी तरह
कभी-कभी मैं भी रो पड़ती हूँ
जब कहीं कोई नहीं होता
तुम्हारी तरह
कभी-कभी मैं भी प्यार में पड़ जाती हूँ
सहज ही, दुनिया से छिपाकर
तुम्हारी तरह
कभी-कभी मैं भी राह ढूँढ़ने लगती हूँ
पाप की सुरंग में
तुम्हारी तरह
कभी-कभी मैं भी बदनाम होती हूँ
शहर में, सरे बाज़ार में।

तुम और मैं
एक और अभिन्न हैं
पोस्टरों में प्यार, सिनेमा के विज्ञापन
ढेर सारे दृश्य
अनंत कहानी।

यह पृथ्वी ऐसे ही कितने दृश्यों से भरी है
कौन जाने ?

सुबह के अखबार में
ढेर के ढेर सुख के विज्ञापन

पूरे शहर में कुलाँचे भर रहा है
बावला पवन
आँखों की पगडंडी से टकरा रहा है स्वप्न-समुद्र
आईसक्रीमवाले के पास बस्ती के बच्चों की भीड़
अपार्टमेंट की बालकनी से आसमान को देख
वह औरत है अन्यमनस्क, उद्विग्न
अस्पताल के आई सी यू से पूछ रहा है वह लड़का-

न जाने और कितने दिन ?
कभी भी न खुली खिड़की के उस ओर
घुघुआ रहा है अँधेरा
सड़क पर मोटर-गाड़ियों की चिल्लपों
ट्राफिक पुलिस की बेपरवाह सीटी
रास्ता किनारे डस्टबिन से कुआँ-कुआँ का शोर
अभी-अभी जन्मी शिशु-कन्या का।
गैरेज में गाड़ी का चक्का लगाते हुए
गोपाल बता रहा है
कोहली कितने रन बना चुका है
शिव मंदिर में दूध चढ़ाकर आई औरतें
एक-दूसरे को बुला रही हैं चलो घर चलें
बादल उमड़ आए हैं।

भीग जाएगा जानते हुए भी
बाइक स्टार्ट कर रहा है जीवन
लक्ष्य तक पहुँचने को रोज़ाना-सी हड़बड़ी,
साइकिल के हैंडल पर लटक रही है भूख
काले पॉलिथीन में, खून के रंग की।
मोबाइल में गाने बज रहे हैं रफी के।

पोस्टर में वही पुराना दृश्य, वही कहानी
कहानी में वही संवाद, वही स्वर
स्वर में माया, माया का झूठा हस्ताक्षर।
तुम शून्य हो, मैं शून्यचारिणी
तुम राग हो, मैं रागिनी।

अब मैं छोटे-छोटे सुख और
बड़े-बड़े दुख समझने लगी हूँ।
किसने कहा मैं तुम्हारे प्यार में पड़ी हूँ,
मैं तो तुम्हें पहचानती तक नहीं।

इतिहास के सन्-ईस्वी

इतिहास के सन्-ईस्वी को
गठरी में बाँधकर रखा है।

गठरी में है
राजा का मुकुट और मंद-मंद मुस्कान
पैनाई तलवार, अस्त्र-शस्त्र
अभिसंधि और उच्चाभिलाष।
है युद्धक्षेत्र का अट्टहास, चीत्कार और रक्तधार
लाचार समय के टूटे-फूटे अंश
और हिनहिनाहट घोड़ों की।

कभी-कभार बाहर निकल आते हैं
सन्-ईस्वी गठरी से
और जुड़ जाते हैं
अपने-अपने मुकुट और तलवार से
निकल पड़ते हैं युद्धक्षेत्र के लिए, शिकार के लिए
नहीं चाहते रहना
इतिहास की किताबों में
या किसी घुटन और अन्यमनस्कता में।

पीढ़ी दर पीढ़ी ये सन्-ईस्वी
निकलते हैं गठरी से
बच्चे छूते हैं इन्हें
कभी आग्रह से

तो कभी मज़बूरी में
कभी नींद से बोझिल आँखों से
तो कभी शरारती निगाह से
उसके बाद से रह जाते हैं ये सन्-ईस्वी
बच्चों के आश्चर्य या आर्तनाद
अस्थिरता या दिलासा में।

सन्-ईस्वी को क्रमवार सजाना
हो सकता है एक विलास
या हो सकता है
एक नियमित अभ्यास, आवश्यकता
सन्-ईस्वी की तरह दिखते उन चार अंकों ने
न जाने कितनी अभिसंधियाँ,कितने आर्तनाद
कितनी लाचारी, कितनी अदूरदर्शिता
कितने अंधत्व, कितनी विवेकहीनताओं को
अपने भीतर दबाकर रखा होगा।

कभी-कभी मेरे भीतर से
पूछता है कोई, बताओ तो
सिपाही विद्रोह पहले हुआ था
या ओड़िशा का पाइक विद्रोह ?
कब हुई थी
पलासी और बक्सर की लड़ाई ?
किसके-किसके बीच ?
मेरा सिर भन्ना जाता है,
युद्ध के सन्-ईस्वी से अधिक भयावह
युद्ध के परिणाम पर मैं रुक जाती हूँ।
किसी किसी के ललाट से विषोद्गार,
किसी की पलकों से भय और उद्वेग
किसी के हृदय के कोने से खून की बूँद
जल्दी-जल्दी पोंछने लगती हूँ।

युद्ध का परिणाम कहने से तुम समझते होगे
सम्राट की हार या जीत

मैं समझती हूँ
हृदय विदारक विकल क्रंदन
युद्धक्षेत्र में मरे पड़े उन सभी
आम सैनिकों के आत्मीय परिजनों का
जिन सैनिकों के नाम, गाँव, नामोनिशान
नहीं होते इतिहास में
पर उनके काल्पनिक चेहरे
बन जाते हैं मेरे मन में
जो दुख देते हैं मुझे, सालते हैं
उदास और अन्यमनस्क करते हैं।

पोटली बाँध-बूँधकर रख देती हूँ
आत्मा के एक कोने में।
और मैं सन्-ईस्वी भूल जाती हूँ
स्वाभाविक रूप से।

मृदंग

कान भन्नाने-सा
जो आवाज सुनाई देती है
भले ही थकान में या खीझ में, सुन लो।

शब्दों के फूट पड़ने के लिए
समय-असमय नहीं होता
भले ही भ्रम में सुनाई दे,
कान फट पड़ने-सी कुछ आवाज, सुन लो
कभी-कभी आतंक या आर्तनाद ही नहीं
आलिंगन भी ला सकता है भूकंप।

हो सकता है वह शब्द
किसी की आँखों की बिजली
किसी के हृदय का वज्रपात
किसी के नसीब में
घुमड़ आए घटाटोप बादल।

शब्दों से सिर्फ कविता या कहानी
लिखी जा सकती है
यह किसने कहा तुमसे
शब्दों से केवल तर्क-वितर्क हो सकता है
शब्दों का केवल बम या बंदूक की तरह
उपयोग किया जा सकता है
या शब्द को शब्द से रगड़कर

चिनगारी ही पैदा की जा सकती है
यह किसने कहा तुमसे ?

शब्द को शब्द से जोड़कर
गढ़ा जा सकता है सौहार्द का आकाश
शब्द को माटी में बोकर
उपजाया जा सकता है संभावनाओं का शस्य
शब्द में पंख लगाकर
उड़ा जा सकता है शून्य में, सपने-सा शब्द
तो बहता आवेग है
कभी-कभी बन जाता है
तेज बहती नदी या झरना
शीतलता से भर जाता है मन।

यहाँ तक कि शब्द को बदला जा सकता है
कुछ बिंदुओं, लकीरों या प्रतीकों से
कैनवास पर।

जब शब्द हो जाएँ खामोश
फिर भी तुम्हारे कान भन्नाने लगें
तो समझ लो-
कहीं और नहीं बजा रहा कोई मृदंग

मृदंग बज रहा है तुम्हारे ही भीतर
मर्मदाह का मृदंग बजते बजते बजते
तुम्हें तटस्थ कर रहा है
बस बधिर विवेक को ही जरा-सा
कुरेद देता है।

भूख

साइकिल के हैंडल पर
लटकी हुई है भूख
काले पॉलीथिन में
सिल पर पीसा जा रहा है मसाला
एक कौआ बैठा है आँगन के तार पर
पूरा खंडमंडल प्रकंपित है
उसके काँव-काँव से।

बात सिर्फ इतनी ही है।
पूछ सकते हो,
क्या यह कविता है ?
पूछ सकते हो,
नया क्या है इस कविता में ?

नया ढूँढ़ते-ढूँढ़ते जा पहुँची मैं नदी-किनारे
नदी की रेत पर मिला एक नथ,
एक फनपासा, पाजेब के घुँघरू
हैरान हूँ, कौन खो गया ये सब यहाँ
वीराने में नदी की रेत पर,
जहाँ खो जाने का अर्थ है
वक्त से पहले खत्म हो जाना,
जो खत्म हो जाना
नहीं दिख पाता कभी किसी को,

जबकि ऐसा अदृश्य घाव या लज्जा
या बर्बरता या भूख
इतिहास में रहे या न रहे
किसी दिन कविता में तब्दील हो सकती है।
पूछो, क्या नया है इसमें !

नया ढूँढ़ते-ढूँढ़ते मैं जा पहुँची हाइवे पर
एक सौ पचास की रफ्तार से।
नहीं जान पाती कौन छिटक जाता है
मांस का लोथड़ा बन, कौन लूल्हा हो जाता है
जीवन दौड़ रहा है पूरी रफ्तार से
सरल रेखा पर चलते-चलते
पहुँच गई हूँ जहाँ
लगता है, दौड़ में मस्त रहना
सचमुच कितना निरर्थक है
इतनी-सी उपलब्धि कविता बन जाते समय
चौंक उठती हूँ, वही काले रंग का पॉलीथिन
काले रंग का कौआ और
काले रंग की भूख
अंधापन छाने लगता है।

अंधापन छाने से याद आई
भीम भोई की बात
क्यों कहा था उन्होंने
'मेरा जीवन भले ही नर्क में पड़ा रहे
पर जगत का उद्धार हो'
क्या सचमुच जगत का उद्धार हो जाता है
कवि की इच्छा से ?
या वह इच्छा काल-कालांतर तक
स्थान पा जाती है इतिहास में !
पूछ सकते हो, नया क्या है इस पंक्ति में।

कभी-कभी यह सवाल मैं खुद से भी करती हूँ !
आकाश, पाताल और पृथ्वी

एकाकार हो जाते हैं मुझमें।
अब मैं साँय-साँय

पैडल मारती हूँ साइकिल का
पहुँचने के लिए अपने लक्ष्य पर
प्रकंपित हो उठता है
काँव-काँव की गूँज से।

जुलूस में कतार बाँधे जा रहे लोग

नहीं जानते वे लोग
देश के कितने प्रतिशत लोग
गरीबी रेखा के नीचे हैं
कौन-कौन हैं फोर्ब्स पत्रिका की
अमीरों की सूची में
या सरकार में कितने मंत्री हैं
जी एस टी लगता है कितना प्रतिशत
किन-किन चीजों पर !

नहीं जानते वे लोग
निर्भया केस में सुप्रीम कोर्ट ने
क्या फैसला सुनाया
कश्मीर का कौन-सा इलाका
कब्जाए बैठा है पाकिस्तान
नहीं जानते वे लोग
चीन क्यों है इतना युद्धखोर
नहीं जानते वे लोग
नहीं जानते महानदी का कितना पानी
बहता है ओड़िशा में
तो कितना छत्तीसगढ़ में

आलू, प्याज, टमाटर की दर
मालूम होगी तो होगी उन्हें
शायद मालूम होगा उन्हें

रुपए किलो चावल मिलता है
उन्हें बी पी एल कार्ड में,
किसका कितना हिस्सा है
इंदिरा आवास के पैसों में,
सरपंच का नाम शायद जान लेते हैं वे लोग
और जान लेते हैं अपनी नदी,
पहाड़, डूमा, डंगर, झरने और
साँवा के खेत बड़ी आसानी से।

जुलूस में चलते समय
कभी कतार नहीं तोड़ते वे लोग
हाथ में झंडा, कंठ में नारे
जबकि इस विरोध का कारण
नहीं मालूम किसी-किसी को
फिर भी कतार नहीं तोड़ते वे लोग।

नहीं जानते वे लोग
विरोध का तरीका और कौशल
सिर्फ मोहरे बनने पड़ते हैं उन्हें
शतरंज के।
धीरे-धीरे सिखाई जाती है उन्हें
कतार में खड़े होने की कला
कभी बोल-फुसलाकर
तो कभी डरा-धमकाकर
जैसे पात्र बनाते हैं हम
अपनी कहानियों में
आगे-पीछे अपनी इच्छानुसार।

देखो, देखो
जुलूस में जा रहे लोग
घुसने लगे हैं मेरी कविता में।
कतार बनाकर खड़े होने लगे हैं क्रम से,
गला साफ करने लगे हैं
कहीं कविता न बन जाएँ नारे

कहीं मैं भी खड़ी न हो जाऊँ
झंडा थामकर उनकी कतार में
यह चिंता भी मुझे सताने लगी है।

कतार में खड़े होने का अनुशासन
बेड़ियाँ बनते समय
किसी न किसी को तो थामना होगा
कलम या तीर-कमान
कतार के विरुद्ध।

बात सिर्फ इत्ती-सी है
इस कविता में।

स्टेशन

ट्रेन छूटने से पहले सोच रही थी-
ठीक-ठाक पहुँच जाऊँगी अंतिम स्टेशन।

जबकि जानती नहीं थी
कब पहुँचेगी ट्रेन
जिस-जिससे जो भी कुछ लिया था लौटा दिया
चुका दिया था उधार एक-एक का।

किसी की शुभकामना के बदले कृतज्ञता
किसी की मुस्कान के बदले एक मुस्कान
किसी की खामोश निगाह से झरती
चाहत के बदले अव्यक्त शब्द पुँज
किसी के सपने के बदले संभावना
सबकुछ यथासंभव दे दिया।

फिर भी कुछ ऋण रह जाते हैं ऋण बनकर
जीवन में, कुछ ऋण के बोझ से
गढ़ा जाता है जीवन जीवन-सा
वास्तविक अर्थों में।
और किसी का कुछ ऋण
बिल्कुल न चुका पाना भी
लिखा होता है किस्मत में।

ट्रेन छूटने पर लगा
गला फट पड़ने-सी खूब प्यास है मुझे
मेरे भीतर बेचैन है कोई
अति अधीर-सा।

ट्रेन पहुँच गई एक बार स्टेशन तो
फिर चिंता नहीं रहेगी कोई।
शायद बूँद भर पानी मिल ही जाएगा।
उसके बाद तो साल दर साल
पानी और अन्न
परोस देंगे मेरे सगे-संबंधी
उसी निर्दिष्ट तिथि में, मेरे लिए।

इतनी-सी उम्मीद
पहुँचा सकती है मुझे स्टेशन
बगैर पश्चाताप के।

विस्मरण

अभी रुकी हुई हूँ
ट्राफिक चौराहे पर।

ट्राफिकवाला क्यों पूछ रहा
मेरा नाम !
क्या मिलेगा उसे मेरे नाम से ?

नियम तोड़ा है तो
जुर्माना लेते ही
उसका काम खत्म
जबकि तब से पड़ा वह
मेरे नाम के पीछे।

सड़क का नियम तोड़ना
उद्‌देश्य नहीं है मेरा
उद्‌देश्य नहीं जीवन को अचानक
चकमा देकर भाग जाना
पर मान नहीं रहा वह,
वह ट्राफिकवाला।

इस बीच मैं भूल गई अपना
नाम मेरा नाम पड़ा है
टेबुल पर पड़ी किताब के पहले पन्ने पर

या अलमारी में रखे पैन कार्ड पर
या वोटर लिस्ट में, हमारे गाँव में
या कल डाक से भेजी गई
चिट्ठी के प्रेषक की जगह
या लॉटरी टिकट के
दो— चार हजार लोगों के बीच
या फिर उस चिट्ठी पर
जो नहीं मिली मुझे
साल दर साल इंतजार के बावजूद।

क्या मैं उसे
चोर-उचक्का लगती हूँ कि
पहले खीझा और फिर घृणा
करने लगा मुझसे वह ट्राफिकवाला ?

क्या सिर्फ अपना नाम !
अब तो याद नहीं आ रहा मुझे
मैं कहाँ खड़ी हूँ, किस चौराहे पर ?
जबकि याद आ रहा है
कितना पैसा बढ़ा पेट्रोल-डीज़ल का दाम
क्यों पत्नी का शव कंधे पर लादकर
तेरह किलोमीटर चला दानो माझी
इस साल बारिश इतनी कम क्यों है
पृथ्वी का तापमान बढ़ने से
क्या हालत होगी जीव-जगत की !

राजनीति के आकाश में क्यों हैं इतने नक्षत्र
स्वच्छ भारत से लेकर डिज़िटल इंडिया
और बेटी बचाओ बेटी पढ़ाओ के
विज्ञापन की चहल-पहल।
क्या मतलब है विश्व शांति दिवस मनाने का
ढेरों मर चुके कश्मीर घाटी में
पठानकोट में, कोक्राझार में
कड़क इस्त्री की हुई कमीज़ से

सहज ही झर जाते हैं कैसे
झूठे आश्वासनों से महकते रक्त-रंजित फूल।

क्या कह दूँ उससे
अचानक कविता की एक पंक्ति
समा गई दिल में तो
भूल गई रास्ता— घाट
रास्ते के नियम, जेब्रा क्रॉसिंग,
दपदप जलती लाल-हरी बत्तियाँ
और मैं भूल गई अपना नाम।

धत्, कविता की वह पंक्ति भी
खो गई इस बीच कहीं
सारा का सारा दोष है उस ट्राफिकवाले का !

घोड़ा

घोड़ों के बारे में यह मेरी दूसरी कविता है
आप पूछ सकते हैं
घोड़ों को लेकर कवि को इतनी चिंता क्यों है ?

गाय की आत्मकथा की तरह
घोड़े की आत्मकथा पर
निबंध नहीं लिखा जाता
बच्चों की लाइनदार— निबंध-कॉपी में
जबकि घोड़ा एक घरेलू पशु है।
जबकि घोड़ा दौड़ सकता है तेजी से
जबकि घोड़ा घास चरते-चरते
अपनी जुगाली में मिला लेता है
समय का कटाक्ष
जबकि घोड़ा कभी-कभी अति उच्छृंखल
और उद्धत हो सकता है, अचानक।

घोड़े की तुलना मैं
एक-एक अच्छे दिन से करती हूँ
जो दौड़ जाते हैं पलक झपकते
या फिर पान चबा-चबाकर बतियानेवाले
ज्योतिष से भी धीमी गति से
घोड़े समय की जुगाली करते हैं
बड़े आलसी होकर।

कभी-कभी बुरे दिन
घाव की तरह फूट पड़ते हैं
घोड़ों की पीठ पर
साइस के चाबुक के प्रहार की तरह
सहना पड़ता है जिसे बिना दुविधा के।

घोड़े रहें
प्रार्थना के शब्द बन
या विरोध का स्वर बन,
मुझे आपात्ति नहीं
घोड़े की टाप के निशान से
किसी की मन-तल या माटी की चादर
मैली होने पर भी मुझे परवाह नहीं
पर घोड़े न रहें
मेरे कमरे में।

क्योंकि कभी-कभी एकाकी रात में
सेज़ के सूने मैदान में
घोड़े की टाप सुन
मैं चौंक जाती हूँ।

मानती हूँ, घोड़ा एक मासूम पशु है,
तृणभोजी प्राणी
पर है तो उद्‌दाम और उचछृंखल
क्या यह बात अस्वीकार की जा सकती है कभी ?
मानती हूँ, घोड़े की निगाह
मुझमें हलचल पैदा करती है,
अब से मैं भी ऊबड़-खाबड़ की परवाह न कर
दौड़ने लगती हूँ
बन जाती हूँ उद्‌दाम और उच्छृखल सहज ही।

अपने बारे में यह ज़रा-सी बात कहने को
मैं इतना कुछ कह गई घोड़े के बारे में
जबकि घोड़े की तरह मैं भी बुरे दिनों को

पीठ पर लादकर दौड़ सकती हूँ लगातार
बिजली की रफ्तार से।

खोती चली जाती आँखें

आँखों को चाहने
और खोने का कष्ट
साये-सा रहता है हमेशा मेरे साथ।

न जाने क्यों
आँखों के प्रेम में
पड़ जाती हूँ मैं बड़ी आसानी से।

बार-बार कुछ कहने-कहने को हो
कभी कुछ कह न सकनेवाली आँखें कहो
या बातचीत के बीच से अचानक
राह बदलकर दूसरे रास्ते चली जानेवाली आँखें
स्थिर दृष्टि से आकाश की ओर ताकती आँखें
या ज़मीन देखकर
उदास और अन्यमनस्क होती आँखें
चीखों को दबाकर
स्वाभाविक होती आँखें
या आँख से आँख मिलाने का
साहस खो चुकी आँखें
साँय-साँय लंबी साँसें गुटककर
मुँदती चली जा रही आँखें
या झर-झर आँसू बहाती
अस्थिर असहाय आँखें
किसी न किसी के सामने

खड़ी रही हूँ मैं कभी न कभी।
ऐसा नहीं है कि मैंने कभी सामना नहीं किया
जलते लावे-सी बाघ की आँखों का
या बार-बार नहीं टकराई
उस किशोर की आँखों के सामने आद्य कैशोर्य में
जो आज भी मुझे सालती हैं
करती हैं अस्थिर और अनमना
मैं हड़बड़ा जाती हूँ समय के सामने।

किसी-किसी की आँखों की पुतलियों का दरवाज़ा खोल
अंदर घुसते समय मैं चीख उठी हूँ
अँधेरे ने किया है मुझे जड़ और खामोश
किसी-किसी की पुतलियों के दरबाजों के बाहर
मैं खड़ी रही तमाम ज़िदगी
'यहाँ प्रवेश वर्जित है' की पट्टी
बार-बार पढ़ती हूँ, पढ़ती रहती हूँ।

किसी-किसी की आँखें लेकर
मैं घूमती रहती हूँ
एक देश से दूसरे देश
एक शहर से दूसरे शहर
अरण्य से अरण्य, समुद्र से समुद्र
मुझे लगा है, इन आँखों के सिवाय शायद
कोई और मायने नहीं इस जीने का।

और किसी-किसी की आँखें
मैंने खो दी हैं लापरवाह-सी
पीड़ा नहीं, पछतावा नहीं
दुख नहीं, अफसोस नहीं।
ढूँढ़ पाने की लालसा भी नहीं।
किसी-किसी की आँखें क्या
मैं अपनी आँखें भी खो चुकी हूँ
कहीं किसी का प्रतिबिंब
मेरी आँखों की पुतलियों में न दिख न जाए !

दुनिया की आँखों में कहीं
एक प्रश्न-चिह्न न बन जाऊँ !

निरुत्तर

सवाल पूछे कई साल हो चुके हैं तुम्हें
जवाब नहीं दे पाई तबसे मैं।

कई मर्तबा सोचा है
जवाब दूँगी तुम्हें।
झरना बन झरते समय भाग्य से,
सोचा है
अन्यमनस्कता बन फैलते समय आसमान में
सोचा है
समय की सीढ़ियाँ चढ़ते या उतरते समय भी
सोचा है
बस स्टाप पर खड़े होकर
बस का इंतज़ार करते समय सोचा है
जंगल में राह भटक जाने पर सोचा है
अंगारा बन दमकते समय सोचा है।

सोचा है और रह गई हूँ निरुत्तर।

कभी बदलना पड़ा है सपना
तो कभी इच्छा
कभी चाहत
तो कभी अनुरक्ति
जिम्मेदारियों ने ज़कड़ लिए पैर मेरे।

कह न सकनेवाली भाषा में
मुझे बातें करनी पड़ी है कई बार
कई बार आगे रास्ता न होनेवाली जगह पर
खुद को बनाना पड़ा है रास्ता
किसी की आत्मा की झाड़ियों में
फैल गई हूँ

आश्वासन की लता बनकर
तो आँखों के आँगन में बुन गई हूँ
भरोसे का दाना बनकर।

ऐसा नहीं है कि मेरी याददाश्त
कमज़ोर पड़ने लगी है
या मन से हट गया है मोह
बल्कि मैं भुला चुकी हूँ सिसकियाँ।

न केवल तुम्हारा सवाल
तुम्हारी स्थिर निगाह ने भी मुझे बेचैन किया है
बहा ले गई है कहीं ना कहीं
अस्तित्व खोते समय बार-बार लग गई हूँ किनारे
अति आकस्मिक रूप से।

ये लो, अपने सवाल का जवाब
खेत की मेढ़ पर बैठे
एकाग्र बगुलों की लय में घुस आया है
न जाने कैसे ?
दिख रहा है ना तुम्हें।

एक पगलेट की दिनचर्या

आज दिन भर से जगजीत सिंह को सुन रही हूँ।

मन ठीक है या नहीं जिसने समझा होता
अभी वह कहाँ है, कौन जाने ?

तरकारी में नमक नहीं डाला क्या, माँ ?
बेटी पूछ रही है तो
मैं सोच रही हूँ "आसिफा' के बारे में
कठुआ की वह आठ साल की बच्ची
मंदिर की मूर्ति के आगे बन गई
खून से लथपथ मांस का एक लोथड़ा
कुछ खूँखार जल्लादों के हाथों का खिलौना
पुलिस पूछताछ करते समय
उसके बाप की आँखों से
निकले आँसुओं की धार ने
मुझे काफी बैचेन कर रखा है।

मुझे याद आ रहा है
अखबार में छपा 'आमीर' का चेहरा,
चौदह साल बिना गुनाह के
जेल में बिताए थे जिसने,
ट्यूशन से लौटते समय
दिल्ली में पुलिस पकड़ कर ले गई थी उसे
महज अठारह साल की उम्र में,

कानून कैसे बिना गुनाह के किसी को
आतंकवादी कह सकता है, इस देश में !
जवानी बीत गई उसकी जेल में।
कचहरी के चक्कर लगाते-लगाते
मर गया बूढ़ा बाप उसका,
माँ भी सड़-सड़कर पड़ी रही लकवे से।
आमीर की आँखों की वह उदासी
सुबह से मुझे बेचैन कर रही है।

मेरे मन में समा रही है वह अकेली मैना,
जो सिर छिपाने आई थी कल दोपहर
मेरी बालकनी की मँडेर पर
बारिश की तेज मार से
टूट गए थे सारे पंख उसके,
कहाँ होगी अब वह ? क्या स्वस्थ हो चुकी होगी ?
सोच रही हूँ बारिश के बारे में भी,
कल सुबह बरस रही थी मेरे आँगन में
अब बरस रही होगी कहीं और,
भिगो रही होगी किसी का तन-मन।
कौन जाने ? किसे पता ?

मेरे अंदर हैं ऐसे असंख्य अंदरूनी घाव
जिनसे सबके अनदेखे झरने-सा झर गया है
आँसू और रक्त।
पर देखो तो मेरा भाग्य,
होंठों पर ज़रा-सी स्मित मुस्कान लिये
मैं पूरे ब्रह्मांड में मँडराती रहती हूँ
संभ्रांत वेश-भूषा में,
मेरे भीतर कोई फूट-फूटकर रोते हुए
कभी तरकारी में नमक डालना भूल जाती है
तो कभी बेटी को वो चंदामामा है कहकर
आसमान की ओर दिखाती है और अन्यमनस्क हो जाती है
फिर कभी ज़रूरी काम करने का मन नहीं होता
तो जगजीत सिंह की गज़ल सुनते-सुनते

समय को लापरवाह-सा खर्च कर देती है।
जबकि किसी-किसी का कहना कान में पड़ता है
अरे देखो, उस पगलेट को !

अपनी इच्छा से

अपनी इच्छा से नहीं जन्मी मैं
लड़का या लड़की बन
अपनी इच्छा से नहीं जन्मी मैं
ऊँच या नीच कुल में
अपनी इच्छा से नहीं जन्मी मैं
धनी या गरीब के घर
अपनी इच्छा से नहीं जन्मी मैं
काली या गोरी चमड़ी में
अपनी इच्छा से नहीं जन्मी मैं
नुकीली या चिपटी नाक
या फिर अच्छी या बुरी तक़दीर लेकर।

सिर्फ अपनी इच्छा से
मैं अपनी ज़िदगी जीना चाहती हूँ तो
कभी विद्रोही में गिनी जाती हूँ तो कभी पापी में
कभी असामाजिक में तो कभी अमानुष में।
अपनी पसंद की पोशाक पहनने पर
आशंकित लगती है दादी माँ
अपनी पसंद की पढ़ाई पढ़ने पर
माँ सोचती है, कैसे इतनी जिद्दी हो गई बिटिया
अपनी मर्जी का दूल्हा चुनने पर
हुक्का-पानी बंद हो गया कुटुंब और समाज से
अपनी इच्छा से चाँदनी रात में
सुनसान रास्ते में अपनी अन्यमनस्कता के साथ

मीलभर चलना चाहती हूँ
तो समाज कहता है स्वतंत्रता का अर्थ उद्दंडता नहीं
अपनी इच्छा मुताबिक शब्दों को कागज पर बुनने पर

बुद्धिजीवी कहते हैं
लक्ष्मण रेखा पार करने में खतरा है।

मंदिर नहीं जाती, मंत्र नहीं पढ़ती तो
जानी जाती हूँ धर्मद्रोही के नाम से
सरकार से सवाल करती हूँ तो
रखी जाती हूँ आतंकवादियों की सूची में
व्यवस्था में मीन-मेख निकालती हूँ तो
बम से उड़ाने की धमकी मिलती है
मेरे नंबर पर।

क्या मूर्ति के आगे
सिर झुकाना है धार्मिकता ?
क्या सरकार को सलाम ठोंकना है
सामाजिकता ?
क्या अपनी इच्छा से जीना है
अपराधियों में गिना जाना ?

जब यह पूछती हूँ
फट पड़ता है समय
तीव्र कोलाहल से।

प्यास

गढ़ते समय सोचा नहीं था
ऐसा होगा।

ऐसा होगा का मतलब
खुद ही फँस जाऊँगा अपनी जाल में।

मिट्‌टी से मूर्ति गढ़ते समय
वह बन गई सचमुच की अप्सरा।
उस समय तक मैं हाथ-पैर धोकर
उठ आया था अपने बैठने की जगह से
तैयार हो गया था जाने को गाँव
यहाँ से एक सौ सत्रह मील दूर।

वह अप्सरा खप् से कूद पड़ी मूर्ति से
बोली, एक बूँद पानी दो ना
बहुत प्यासी हूँ।
कैसी प्यास ?
कहाँ है पानी ?
अगर इतना जान गया होता तो
खत्म हो जाती दिन-दिन भर की व्यस्तता
रात-रात भर का उनींदापन
साल-दर-साल की थकान।

मेरे जीवन के बचे सारे
सूर्योदय और सूर्यास्त
क्या उसके माँग रहे पानी के बदले हैं ?
नहीं जानता, मैं हमेशा से ऐसा ही हूँ
दुविधा में बँटे स्वभाव का।

मुझे कायर कह सकते हो।

आज यहाँ से जाते समय
अजीब-सा लग रहा है
पर जाना तो होगा।
उधर पड़े हैं कई जंजाल
बयाना लिया है दो-चार जगहों से
मूर्ति गढ़ने का
और फिर अजीब-अजीब-सी ताड़नाएँ हैं गृहस्थी की।

रुक-रुक कर फिर सुनाई दे रहा है
एक बूँद पानी मिलेगा ?

वह अप्सरा है या मेरे अंदर का कारीगर
कौन पूछता है ?
पृथ्वी घूम रही है या
थम गई है ?

जोकर

बैठी हूँ गैलरी की पहली कतार में।

एक-एक करके सभी
खेल दिखाकर चले गए
बाघ, सिंह, हाथी, कुत्ता
सुंदर युवतियाँ और जोकर
मैं फिर भी बैठी हुई हूँ।

देखो ना, वह बाघ घुस आया है
फिर से मेरे मन में।
बाघ मामा, बाघ मामा कहकर कोई
जोर-जोर से चिल्ला रहा है
कौन है वह ? कौन है ?
सिंह पहरा दे रहा है मेरे सपने पर
पहरा दे रहा है या घात लगाए है ?
उसकी स्थिर दृष्टि मुझे चीर रही है।
हाथी अपनी सूंड़ से खींच चुका है
मेरी शिराओं से सारा का सारा खून
छींट चुका है चारों ओर।
कुत्ता नोच चुका है मेरा अस्तित्व
अपने धारदार और नुकीले दांतों से।

मैं उठ बैठी आधी रात को,
सपने के बारे में सोचकर

काँपने लगी भय से।

सपने क्यों आते हैं ?
आज कल मुझे
नींद नहीं आती पहले जैसी
पर सपने आते हैं तरह-तरह के
मुझे डराते हैं, गुदगुदाते हैं,
उल्लसित और उत्तेजित करते हैं।
नींद से कोई लेना-देना नहीं उसका।
चलते समय, खड़े होते समय
बैठते समय, बातियाते समय भी
सपने देखती हूँ मैं
उठ जाती हूँ चौंककर
मन ही मन मुस्कराती हूँ और रोने लग जाती हूँ
धीरे-धीरे बदलती जा रही है
मेरी भाषा, मेरी भाव-भंगिमाएँ।

ताली बजा बजाकर हँसते हुए
लोटपोट हो रहे हैं लोग
मुझे जोकर कह कर बुलाने लगे हैं।

वाकई में दिखने लगा हूँ
जोकर-सा !

कबूतर

दो कबूतर कहीं से उड़कर आए
बैठ गए मेरे ड्राइंग-खाते पर।

कहाँ से उड़कर आए ?
राजमहल से
उस उजाड़ पुराने जर्जरित भवन से
मेरी आत्मा के बरामदे से
कहाँ से ? कहाँ से ?

इंडिया गेट के पास
रमजान चाचा के आँगन में,
सचिवालय के सबसे ऊपरी मंज़िल के
स्काइलाइट किनारे,
यहाँ तक कि मंदिर के गर्भगृह में
या हमारी खीझ की ओट में
अनेकों बार देखा है
ऐसे ही कबूतरों का जोड़ा
बैठे होते हैं,
गुटरगू करते
किसी की उपस्थिति की
परवाह किए बिमी।

बचपन में मैंने
कई बार बुलाया है कबूतरों को

गीत गाकर, पुचकार कर, फुसलाकर
आओ आओ कबूतरों का जोड़ा
आकर बैठो मेरे चबूतरे पर
पीने को दूँगी तुम्हें नारियल का पानी
भले ही आज याद नहीं आ रही
उस गीत की पंक्ति
पर आज भी मानों मेरे भीतर
बज रही है उस गीत की धुन
और मैं इंतज़ार में हूँ
उस कबूतर की जोड़ी का।

जादूगर की जादुई छड़ी की छुअन से
मंच पर कबूतर बने आदमी को
मैं ढूँढ़ रही हूँ
ध्यान से देखना चाहती हूँ उस कबूतर को
छूना चाहती हूँ पृथ्वी के एक-एक कबूतर को
सच-झूठ परखना चाहती हूँ
इतने में वह आदमी उठकर हँसने लगता है,
गुटरगू करता है
कहता है, क्या आदमी, क्या कबूतर
हर जगह है माया, हर जगह पड़ा है परदा
गुटरगू करते रहना ही
एकमात्र सत्य है जीवन का।

परंतु ड्राइंग-खाता के ये दो कबूतर !
अब याद आ रहा है मुझे
आँके थे मैंने
दो लोगों के चित्र
देखा तो दोनों कबूतर हैं
चित्र-कबूतर, निश्चल और मूक।

जादूगरी में मैं भी निपुण जादूगर हूँ
दर्शकों देखो, देखो, यह देखो।

अप्सरा

पड़े पड़े पक रहा है पाप।
थम नहीं रही घुँघरुओं की खनक,
डोल रहा है घर का भीतर
डोल रहा है मर्मस्थल।

झिमझिमाने लगी है देह
हथेलियों में पसीना
निरुत्तर है समय।
निरुत्तर हैं सूर्य, चंद्र, तारे
और ईश्वर।

सिर्फ बिस्तर पर
करवटें बदलता दुख
बार-बार उठ बैठता है।
विलास के अर्थ को कुछ और
आसान बना देता है।

बेहिसाब नुकसान के पैरों में
लोटती जिंदगी
आहिस्ता-आहिस्ता चुक रही है,
खर्च हो रही है।

इस राह से जाने के लिए
किसी ने मना कहाँ किया है

सिर्फ हवा की भर्त्सना से
बन रही है एक छायामूर्ति
मूर्ति मोक्ष नहीं माँग रही,
मुत्यु नहीं माँग रही
माँग रही है माया।

नशे में डूबी इस रात की तालियों से
मुस्कराते हुए निकल रही है जो
वह अप्सरा है,
दीवानी हो पिघलकर बहती हुई
लालसा की आट से निकल रही है जो
वह अप्सरा है,
भूख से उग रही है चतुर्दशी के चाँद-सी
पड़े-पड़े पक रही है वह स्थिर लालच से
फिर से, हर बार की तरह।

शब्द

हर शब्द एक गोली है
जो नीरवता को
तीव्र रूप से भेद जाती है।

गोली की आवाज सुन
उड़ जाते हैं पक्षी
पंख पड़फड़ाकर
जीवन डोल उठता है।

गोली से और भी तीव्र रूप से
जीवन को भेदकर चला जाता है
एक-एक शब्द
समय मूक बन जाता है।

छाया

परी कथाओं से कुछ नीरवता लेकर
मैंने बोया अपने हृदय में
अँकुरा उठे पत्ते
पेड़ खड़ा हो गया उस ज़मीन पर
किसी ने उसे कविता कहा तो
किसी ने कहा अधपागलपन।

पेड़ों के मुँह नहीं होते
नीरवता ही है कवि की प्राणशक्ति
शायद यही सच है।

हवा में पत्ते डोलने पर
जितनी आवाज सुनाई देती है लोगों को
उतनी ही आवाज
शक्ति है कविता की।

पेड़ की तरह कविता भी बाँटती है छाया
शायद यही सच है।

सेल्फी

आज ली है यह सेल्फी
बिना मेकप के।

कोई कहता है
बारिश से धुली सुबह है तो
कोई कहता है
पत्ते के किनारे बूँद भर ओस।

मैं ध्यान नहीं देती
किसी की टिप्पणी पर।
तभी से मैं ताक रही हूँ
उस तसवीर की ओर।

मुझे दिख जाता है
असुंदर होने के कारण
बिन ब्याही रह गई
पारो दीदी का चेहरा
जो मायूस दिखती थी हमेशा।
कहती थी
मेरा चेहरा नहीं मन देखो
जो है ताजे मोगरे का एक गुच्छा
सफेद और खुशबूदार।

मुझे दिख जाती है
सड़क किनारे फूल बेचती वह लड़की
जो गलत हिसाब लगाती है अक्सर
और कोई उसे ठगकर चले जाने पर
मुस्करा देती है,
जानती है वह
जीवन आगे नहीं बढ़ता
छोटे-मोटे हिसाब-किताब से।

मुझे दिख जाती है
सामूहिक बलात्कार की शिकार वह नाबालिग
जो तड़प-तड़पकर मर गई अस्पताल में
जान न सकी वह न्याय क्या है,
सिर्फ इतना जान पाई
कितना बीभत्स हो सकता है इंसान का मन,
पल में जीवन बन जाता है
फूटता रक्त स्रोत।
पिंड से निकल जाता है प्राण।

मुझे दिख जाती है
चंद रुपयों के लिए माँ द्वारा बेची गई
वह छोटी सी बच्ची
जो बर्तन माँजने से लेकर
रसोई बनाने तक
सारा काम करती है मालकिन की मर्जी से
पर बदले में मिलता है उसे आग का कोंचा
जीना हो जाता है दूभर
आँखों की पुतलियों में पसर जाता है आतंक।

मुझे दिख जाता है
दो चोटी बनाकर कॉलेज जाती
उस लड़की की आँखों का सपना,
धीरे-धीरे जो बन जाता है रेगिस्तान
जहाँ जीवन है जैसा

मौत भी है वैसी।

तुम जिसे सेल्फी कहते हो
मैं समझती हूँ कोलाज़
अनगिनत लोगों की मुस्कान,
रुलाई और कोलाहल के
वास्तविक चित्र-रूप।

जबकि तुम कह सकते हो
मुझे चित्रकारी की कोई समझ नहीं है
मैं तो कविता लिखनेवाला इंसान हूँ।

पहनावा

पहनावे से अंदाज़ा मत लगाओ
मेरे दिल का।
पहनावे की ओट में
दिल में पक रहा है घाव
सबके अनदेखे,
फिर भी
मैं कविता पढ़ती हूँ मंच पर।

कविता और है ही क्या !
एक चित्र या एक पहनावा
जिसे सुंदर तरीके से सजाना पड़ता है
मन को भाने सा
जैसे सिनेमा देखने जाते समय
या बाज़ार घूमने निकलते समय
सजती है हमारी गाँववाली छोटी भाभी
स्नो पावडर लगाकर।

कविता में भी डालनी होती है महक
घुमा-फिराकर कहनी पड़ती है सारी बातें
मेरा मृदंग बज-बजकर फट-फूट जाने पर
कविता बखानती रहती है नीरवता के दोहे
फिर उपलब्धि से उठकर
बनता चला जाता है उत्सव
सब की उत्कंठा के समक्ष।

उत्सव में मदमस्त होता समय
आँसुओं से जर्जर आँखें
क्या आती हैं नज़र किसी कोई ?

मंदिर के गर्भगृह में
मत्था टेककर आते समय
कविता की आँखों की कोर में समा जाता है
बूँदभर आँसू, सबके अनजाने
जामुन पकने लगता है यद्यपि पेड़ पर
नीचे गिरकर फट जाने का भय भी
उसे अधीर और उदास करता है।

कुछ भी नहीं होता सीधी रेखा में
न जीवन, न मृत्यु, न कविता
एक दूसरे के समानांतर होते हैं सभी
यह नहीं दिखता किसी की आँखों को।

मैं भी नदी बनती हूँ,
नक्षत्र बनती हूँ
माँ बनती हूँ, बेटी बनती हूँ
कवि बनती हूँ, कारीगर बनती हूँ
मेरे पहनावे पर
संदेह नहीं होता किसी को।

माँ

काट दी है जीभ अपनी
माँ की संतुष्टि के लिए।

बचपन से बक-बक करने की आदत है
मेरी माटी को माटी
पानी को पानी
आकाश को कहा आकाश।

लाचारी से घुल जाने वाली माँ
मानो माटी की दीवार हो।

मेरे बचपन को, जिद्दीपन को, गलतियों को
अगोरे रखा उसने हमेशा
बड़े यत्न से बढ़ती चली गई लता-सी मैं
लद गई फूलों पर, फलों पर
हर बार माँ झाड़ देती थी धूल
छिड़क देती थी मुझ पर बूँद भर पानी
कहती थी, मज़बूत रहे जड़ के नीचे माटी।

न जाने
कितने आँधी-तूफानों से
तहस-नहस हुई मैं
पीछे मुड़कर देखा, ढूँढ़ा,
रुआँसी रुआँसी-सी लगी मैं

माँ बोली, स्त्री का जीवन
आज नदी है तो कल पत्थर
बहते जाना ही है उसकी किस्मत।

अब जहाँ कहीं से भी
ठक्-ठक् की आवाज़ आती है
सोचती हूँ, मूर्ति गढ़ी जा रही है
उसके बाद ही तो सजेगा पंडाल
मूर्ति बन जाएगी देवी
आँख, कान, नाक, मुँह और ललाट होंगे
बस जीभ के सिवा।

कुशल कारीगर बन
माँ, मैं, मेरी बेटी एक कतार में

मुस्कराते हुए दिखने को मज़बूर हैं।

बाँसवाली रानी

पाँच का सिक्का
उसकी झोली में फेंककर
बस अभी-अभी लौटी हूँ मैं।

हृदय की किसी न किसी संधि में
मुँह छुपाए बैठी हूँ
अपराधबोध से अधीर
चाहती हूँ शाप।

तालियों की गड़गड़ाहट से
बड़ी आसानी से
छान लेती थी वह
अपने हिस्से की प्रशंसा
डरी-डरी सी निगाह
सीने की तेज धड़कनों में
कैसे बढ़ाती जा रही थी वह अपने
नन्हें-नन्हें मुलायम डग
किस मज़बूरी में !

उसके डगमगाते पैरों को देख
सहम उठते थे धरती, आकाश और
दर्शकों की आँखे, रोंगटे।
बीच-बीच में बीड़ी के कस खींचने वाला
उसका बाप

स्तन चूसते हड़ीले बच्चे को चिपकाए
उसकी माँ
पीट रहे थे ढोल, पीटते जा रहे थे
अद्भुत ताल, विचित्र उद्दामता और उदग्रपन था उसमें !

मेरे अंदर भर गए थे कोलाहल
दु:ख, विस्मय और हताशा,
कटोरे भर भात के लिए कितनी आसानी से
दाव पर लगा दी थी उसने अपनी जान
पाँच छह साल की उम्र में
बाप रे बाप ! कितना डरावना था वह खेल !

देखो, देखो, मेरी सारी मानसिकता को
कैसे आक्रांत कर रही है वह
बाँसवाली रानी, बाँसवाली रानी
उसके अंदर से उड़कर आ रहा है एक पक्षी
खोंप रहा है मुझे, चीं-चाँ से फटा जा रहा है मेरा कमरा
इससे अधिक घायल तो मैं हूँ
अब मुझे मुक्ति चाहिए।

पग-पग पर मौत से मिलनेवाली वह लड़की
मुक्ति माँगते समय
सच कहती हूँ, मैं चटक जाती हूँ
आश्चर्य से, हतोत्साह से।
अरी बिटिया, कभी-कभी
मौत में ही मुक्ति होती है

उसे समझा दूँगी, सोचती हूँ।

नींद से जगकर कलम थामती नारी

रात की घड़ी में बजे हैं एक पचास।

खिड़की के बाहर आवारा कुत्ते की रुलाई
पास के पेड़ से चिड़िया की चहक
कमरे के अंदर वन्य कामनाओं की भीड़
ऐसे ही वक्त दरवाजे पर दस्तक देती है कविता
छाती थरथरा उठती है,
वह नारी चौंक उठती है।

कविता बुला ले जाएगी अब उसे अपने साथ
न जाने कहाँ-कहाँ
अतीत के अगम्य इलाकों से लेकर
भविष्य के सदाबहार सपनों के जंगलों तक
पाप करने की प्रवृत्ति को सहज बनाकर
पुण्य की इच्छा में लगा देगी प्रश्नचिह्न
आवास या इतिहास में नहीं
कामना या किंवदंती में नहीं
उस नारी की इच्छा होगी
कुछ बोल न पाकर स्थिर हुईं
किसी की आँखों की पुतलियों में रह जाने को।

नारी का नींद से जगना बड़ी बात नहीं
बात है निर्जन प्रहर में
उसका बदहवास हो दौड़ना कविता के पीछे

या अस्थिर चहलकदमी करना अपने अंदर
या हवा की तरह साँय-साँय बहना शून्य में।

नारी के चरित्र को लेकर
अब सवाल बनने लगी है दुनिया
आधी रात को हड़बड़ाकर
नींद से जगकर कलम थामती नारी
दुनिया से
सवालों से
टकराकर लौट आती है बिस्तर पर
आनंद और अवसाद के बीच
बिलबिलाते शब्दों को
चुपचाप भींचकर पकड़ लेती है।

कभी-कभी कमरा बन जाता है जंगल
जंगल में ढेरों खूखार जानवरों का उपद्रव
वह नारी चुपचाप झेल जाती है
पेड़ के डाल-पत्तों की तरह
उसकी देह की शिरा-प्रशिराओं को
जैसे कोई काट रहा हो अपनी तेज निगाहों से
थक्के-थक्के रक्त चूस रही है माटी,
कहती है,
नारी जन्म की सार्थकता है इसी में।

कहीं उसकी गोपनीयता शब्द का रूप धारण न कर ले
इसलिए खुद को यथासंभव
गुप्त रखती है वह नारी कविता में
किसी न किसी को दिख जाती है फिर भी
उसके यातना भरे जीवन की जलछवि
तो वह नारी मुस्कारा देती है उपेक्षा से।

नारी की मुस्कान
और भी रहस्यमय लगती है उसकी रुलाई से।
नींद से जगकर

कलम थामती नारी जानती है
रात बीतने पर सारी पीड़ाएँ
कैसे फूल बन जाती हैं
बेडशीट पर, तकिया के गिलाफ़ पर
दीवार पर टँगे फोटो फ्रेम में
दुनिया की सामाजिकता में।

एक औरत का देश के बारे में सोचना

सबकी यह धारणा है कि
एक औरत सोच सकती है
सिर्फ साड़ी, गहना, घर-गृहस्थी के बारे में।
दुनिया तारीफ करती है
उसकी साड़ी के रंग की
या ब्लाउज के डिज़ाइन
या कान, गला, ललाट, हात के गहनों
की मानो इतना ही हो उसका व्यक्तित्व
मानो इतना ही ठीक-ठाक है तो वह औरत
स्वयं संपूर्ण, समर्थ और संपन्न है।

क्या कोई जानता है कि
एक औरत भी सोच सकती है
आतंकित देश विदेश के बारे में ?
अस्थिर कश्मीर की दहशतभरी घाटी के
लाचार लोगों की व्यथा के बारे में
वह भी अस्थिरता भोगती है
आतंकवाद में, युद्ध में, महामारी में।
चिंतित होती है देश की विकास दर
पेट्रोल, डीज़ल की मँहगाई से लेकर
भ्रष्टाचार के काया विस्तार तक
या प्रदूषण की भयावहता, किसानों की आत्महत्या के बारे में
सोच-सोचकर परेशान और उदास हो सकती है।
ओड़िशा में सूख रहे महानदी के पानी,

चिलिका झील में प्रस्तावित हवाई अड्डा को लेकर
राजनीति गरमाने के बारे में।
हर छह घंटे में इस देश में
एक महिला के दुष्कर्म का शिकार होने के बारे में
जितना सोचती रहती है
उतना ही सोचती रहती है
'सुखी तालिका' में देश का रैंक इतना नीचे क्यों है
भूख, कुपोषण, मानव-तस्करी, नारी यातना में
इस देश का स्थान कहाँ है-
इन सबकी चिंता उसे सालती रहती है।

जब देश को लेकर, राज्य को लेकर
जाति को लेकर, धर्म को लेकर,
नारी को लेकर, शिशुओं को लेकर
जहाँ कहीं भी चर्चाएँ होती हैं
टीवी के परदे पर, मंच पर
सभागार में, चौराहों पर
वह भी चाहती है अपनी राय रखना वहाँ
काश ! हर चर्चा में वह भाग ले पाती
और कर पाती तर्क
पूरी दृढ़ता से, पूरे साहस से
पूरी मर्यादा से, पूरी गरिमा से।

वह कहती, केवल चूल्हा-चक्की की नहीं
देश के बारे में भी सोचती हूँ
मैं मुझे भी ज्ञान है अर्थशास्त्र का
राजनीति की गोटियाँ सजाना मैं भी जानती हूँ
पर्यटन से लेकर पर्यावरण
शिक्षा से लेकर इतिहास तक
हर जगह मैं जागरूक हूँ।

जब हाथों से खाना पकाती और परोसती हूँ
दुनिया शाबाशी देती है
साड़ी, गहने, घर-गृहस्थी तक सीमित रहने पर

जीवन की गति स्वाभाविक रहती है।
जब हाथ में कलम लेती हूँ और शब्द परोसती हूँ
तो उच्छृंखल कहलाती हूँ।
जब मुँह से प्रार्थना गाती हूँ
धर्मपरायण कहलाती हूँ
जब विरोध का स्वर उठाती हूँ।
तब बड़ी सहजता से अक्खड़ कहलाती हूँ।

विचार-विमर्श से, तर्क से,
बौद्धिक आलोचनाओं से
औरत को इसलिए अलग रखा जाता है
ताकि वह औरत घर-गृहस्थी सँभाले,
नमक, तेल, जीरा, सरसों तक
सीमित रहे
इससे अधिक उसके सोचने के लिए
उसकी मगज़ में और होता ही क्या है जो
देश जैसे एक महत्वपूर्ण प्रसंग को लेकर
एक औरत कुछ सोच सके !

पद्‌मावती

पद्‌मावती नाचेगी या नहीं नाचेगी ?
बात बस इतनी सी है।
इसी को लेकर इतनी हाथापाई, शोर-शराबा
जुलूस और हड़ताल
यहाँ तक कि नाक काटने तक की नौबत आ गई
हीरोइन की।
मुझे प्रतीक्षा है टिकट कटाने की
मेरी इच्छा है ज़रा जीऊँगी पद्‌मावती को अथवा
उसके साहस को या पीडा को
या प्रेम को या उसकी साँय-साँय निर्जनता को
या हो-हल्ला भरी परिणति को।

याद आ रही है मुझे पद्‌मावती स्वाईं
शायद पाँचवीं कक्षा में पढ़ती थी मेरे साथ
शादी हो गई उसकी बारह साल में
नाचना ही तो नहीं जानती थी वह
ज़िंदगी ने तरह-तरह से नचाया उसे
जितने जोर-जोर से पग गिरे उसके
दुनिया ने तालियाँ बजाईं
जहाँ-जहाँ से खून झरा उसका
दुनिया हुलस उठी, इस तरह
लगातर उसका नाचते रहना असमय ही उसे
दुनिया से विदा कर दिया।

तब कहाँ होते हैं अखबार
नेताओं की भाषणबाजी
इसिहासकारों के बयान
कहाँ होते हैं समाज सेवियों और पंडितों का दल
कहाँ होती हूँ मैं, मेरा साहस
क्या पता ? जबकि अब हैं ये प्रश्न अवांतर।

अब दो-चार जगहों से
मुझे भी बुलावा आया है
सभाओं में कहना होगा
पद्मावती हमारी इज्जत है
कहना होगा, हमारा इतिहास हमारी धरोहर है
कहना होगा, हमारी संस्कृति में
मर्यादा का दूसरा नाम है नारी
जो अपनी इच्छा से खुद जी नहीं सकती।
अपनी इच्छा से नाचना तो दूर
प्यार भी नहीं कर सकती।
अब हर जगह सुनाई दे रही है मेरी आवाज़
सभाओं में, जुलूसों में, टीवी चैनलों में।

मैं जो भी कुछ कहती हूँ वह मेरा स्वर नहीं है,
जो कुछ कहना चाहती हूँ
अटक जाता है गले में मेरे
पद्मावती का क्रोध मेरा क्रोध है या नहीं
उसके पाप मेरे पाप जैसे हैं या नहीं
उसका प्रेम हूबहू मेरे प्रेम जैसा है या नहीं
उसकी पीड़ा जैसी मेरी पीड़ा है या नहीं
अब सवाल यह नहीं है।

अब सवाल है
क्या पद्मावतियाँ महज
इतिहास और सिनेमा में ही होती हैं ?
नहीं होतीं हमारे-तुम्हारे गाँव में, शहर में,
टोले और बस्तियों में ?

नहीं होतीं हमारे-तुम्हारे मन के
उन एकांत इलाकों में ?
अब सवाल है
दुनिया जो कुछ सुनना चाहती है
उतनी ही बातें कहने के लिए
और कब तक जीऊँगी खुद से छल करके ?
अब सवाल है
दुनिया को मैं जो कहना चाहती हूँ
उतना कुछ कहने के लिए
जिस साहस की ज़रूरत है
उतना जुटाने तक
क्या इसी तरह डग बढ़ाती रहूँगी
बिना ताल के ?

महिला दिवस

हाँ, मैं फिर उसी हक़ की बात कहूँगी।

देह है तो सुरक्षा माँगूँगी,
मन है तो स्वतंत्रता चाहूँगी।

इस वक्त मंच पर जब मैं भाषण दे रही हूँ
कहीं न कहीं
निर्वस्त्र हो रही है एक महिला,
एक तीन साल की बच्ची
बलात्कार की शिकार हो रही है,
दूसरे देश भेजी जा रही है एक नाबालिग,
दहेज की माँग पर
जलाकर मारी जा रही है एक औरत,
कोई किशोरी आत्महत्या कर रही है
ब्लू सीडी वायरल होने की लज्जा से,
मौत से जूझ रही है कोई युवती
सामूहिक बलात्कार के बाद।

इससे अखबारों को खुराक मिलती है खबरों की
संसद में रंग जमता है राजनीति का।

एक सौ तीस करोड़ लोगों में मैं भी एक हूँ,
एक औरत।
मुझे लगता है मानो चटक रही है मेरी छाती,

एक औरत की छाती कहने से
जो तसवीर तुम्हारे जेहन में उभरती है
उस छाती की बात मैं नहीं कर रही
कह रही हूँ छाती के नीचे उस हृदय की बात
पर हृदय की बात क्या समझोगे तुम
तुम पुरुष जाति ?

इस सभागार से बाहर न जा रहे मेरे शब्द,
मेरा क्रोध, मेरा दुःख, मेरा अफसोस, मेरी लाचारी
और इस सभागार में घुट रही तुम्हारी उपेक्षा,
तुम्हारी फुसफुसाहट, तुम्हारी खीझ,
तुम्हारे अरुचिकर शब्दवाणों के बीच भी
स्वाभाविक रूप से मनाया जा रहा है महिला दिवस।

फिर सभागार से उठकर जा रहे
वे मुट्‌ठीभर लोग जाते जाते रुककर
ध्यान से सुनने लग जाते हैं
निर्भया के गुनहगारों की फाँसी की सज़ा
कायम रही या नहीं।

उन लोगों का जाते-जाते रुक जाना ही
आज की सबसे बड़ी उपलब्धि है।
उनके विवेक की यह जरा-सी हलचल ही
आज के दिन की सफलता है।
महिला दिवस का मतलब
मंच के कुछ मिनटों का भाषण नहीं
या श्रोताओं का जबरन सुनना नहीं
किसी-किसी के मन पर जमी
धूल या काई की पर्त को चेष्टा करके पोंछना भी नहीं,
सिर्फ ज़रा-सी क्रूरता किसी ने फेंक दी यदि
खुद-ब-खुद मन से अपने
यही सार्थकता है आज के दिन की।

विवेक की यही ज़रा-सी हलचल
आत्मा की यही ज़रा-सी
अन्यमनस्कता सिर्फ इतना ही।
बस।

घर

बंगला, आवास, कोठी या पुआल के घर
किसी औरत के घर के बारे में कहते-कहते
उस औरत ने सिर्फ मुस्करा दिया।
बोली, जब छह या सात साल की थी और
खेल के मैदान-सी थी मेरी छाती, एकदम खुली
और समतल, तब भी घर की तरह थी वह सुरक्षित।
वे ही बालक आते थे, मेरे खेल के साथी
उनमें उद्देश्य या उत्ताप या उत्तेजना बिल्कुल नहीं थी
सिर्फ मासमियत छलकती थी उनकी आँखों में
उनमें भरी होती थी शुद्ध शरारत
होती थी एक छलांग में समुद्र लाँघ जाने की उद्दामता
खेलते-खेलते थक जाने पर या खुशी से मचल उठने पर
पास आ भींचकर पकड़ लेते थे मुझे
बिना संकोच या दुविधा या झिझक के
मानो माँ की छाती हो।
उष्म और सुरक्षित,
हूबहू आस्था और आश्वासन के स्थल-सा।

समय बीतने पर
न जाने कितने लोग झाँकने लगे
उस घर में, अब वह घर अंदर से
रहस्य और अंधकारमय था।
माँ ने कहा था
घर को हमेशा बंद रखना बिटिया।

ज़रा-सी भी फाँक से घुस सकते हैं
तरह-तरह की गंदगी और कीचड़।

एक बार धब्बा लग जाए तो क्या
मिटता है इतनी आसानी से ?
उस घर के दरवाज़े पर आए
तेज और बड़े चेहरेवाले
गंभीर और मज़ाकिया वेश में।
काम लालसा और पाशविक भूख लिए
आए कितने पुरुष, जिनका कोई हिसाब नहीं।
सभी खड़े रहे चौखट पर, अंदर जाने की इजाजत नहीं।

माँ की बात मानी उसने,
घर की हर फाँक को बंद रखा
फिर भी किसी के स्वर ने एकाध बार
उसके दिल में हलचल मचाई
तो किसी की स्थिर निगाह से
भूकंप आ गया उसकी नस-नस में
फिर किसी ने उसकी आँखों में एक ही मुद्रा में
सालों खड़े रहकर
हर ली उससे बात करने की शक्ति उसकी,
किसी ने ईश्वर से माँगकर लाए प्रार्थना के पद गाकर
उसे बेचैन और उदास किया, तब भी
घर में अँधेरा था
घर बंद ही था।

उस औरत का बंद घर,
घर का एक-एक कमरा
मानो उदासीनता का रसोई घर हो,
अन्यमनस्कता का नहान घर हो,
संताप का शयन-कक्ष हो,
विषाद की बैठका हो, कहीं नहीं थी एक खिड़की तक
न जाने सारा समय क्या करती रहती थी

अपने ही भीतर स्वयं वह औरत ?
यहाँ तक कि चाबी लिये घूम रहा वह पुरुष भी
नहीं जानता था - किस कमरे में क्या है,
वह तो सिर्फ घर का मालिक कहलाता था,
जिस तरह दुनिया भर के पुरुष
कहलाते हैं घर के मालिक, उसी तरह !

प्रार्थना के शब्दों की तरह

एक दिन एक औरत बुला ले गई अपने घर
उसके घर में कमरे थे
उसने दिखाए सारे कमरे एक-एक कर
पहले उसने कहा, आयताकार हों या वर्गाकार
उज्ज्वल दिखें या हल्के धुंधले
तैयार रखना ही होता है इन्हें सारा जीवन।

उसकी आँखें नीले सागर की गहरी जलराशी-सी
असीम और विस्तृत थीं
उसने बताईं किसी-किसी ने फेंके हैं उसमें
थूक-खँखार तो किसी ने खीझ और प्रत्याख्यान के वीर्य
आँखों में लहरें उठी हैं
फिर लौट गई हैं हृदय में
पृथ्वी पर ढेरों घटनाएँ घटती हैं,
उन्हें आम तौर पर घटने दिया जाना चाहिए
कहकर भूल गई है।

परदों से, टेबुल से, कुर्सियों से
किताबों की ताक से, पलंग से
धूल झाड़ने के साथ-साथ
झाड़ देती है वह
अपनी रोजमर्रा की कुछ-कुछ थकान
एक चक्कर लगा आती है बगीचे का
सुबह की मुलायम धूप में,

खुद को भी उपयोगी बनाकर रखती है।

रसोई घर से जो आवाज आती है
वह महज बर्तनों के टूटने की नहीं
उसके साथ टुकड़े-टुकड़े टूटती है वह भी
शयन-कक्ष में गहराती
नीरवता के साथ
थोड़ी-थोड़ी निर्जीव होती जाती है वह
बैठका के फूलदान के फूलों के साथ-साथ वह भी
रोज़ाना मुरझाकर फिर से ताज़ा लगने लगती है
ये सब प्रकृति के नियम हैं कहकर
वह समय को स्वीकार लेती है।

उस औरत का पहनावा, चाल-चलन
शब्द-उच्चारण बहुत आसान हैं, फिर भी
इतना असाधारण है कि
उसके एक-एक शब्द
लगते हैं मुझे
प्रार्थना के शब्दों की तरह
कुछ देर मुझे ताज्जुब होता है तो
कुछ देर मैं तटस्थ रह जाती हूँ।

यह कविता जुनैद के लिए

कभी-कभी अखबार से खबर के बदले
झपट्टा मारता है अँधेरा।

बीत गई रात
रास्ता-घाट में जीवन की आपाधापी,
लुकाछिपी का खेल
पर अँधेरा बना देता है अंधा हमें
जिस अँधेरे में खो जाती है
जुनैद की तड़पती चीत्कार
और उसकी अम्मी का सुबक-सुबक कर रोना।
अँधेरे में भी रिसता रहता है
खून, उसके घाव का।

हाँ, उसी जुनैद के बारे में कह रही हूँ
त्योहार मनाने से पहले जो बन गया मुर्दा
क्या सुनाई दिया किसी को
उसका अधीर स्वर, क्रमिक चीत्कार ?

ओह ! मैं तो भूल चुकी हूँ तुम हिंदू हो,
गौ माता को पूजते हो।

ऐसी अनेक घटनाएँ होती हैं इस देश में
धर्म अपना पंजा पसारे
खड़ा हो जाता है राजमार्ग पर,
वही धर्म जो खुद ब खुद बँट जाता है
वोट बैंक में राजनेताओं की चाल से
वही धर्म जो लुभावना शब्द बन जाता है
नेताओं के भाषण में
वही धर्म जिसका अद्भुत प्रचार होता है
सामाजिक कार्यकर्ताओं के नारों में
वही धर्म जिसमें जुनैद जैसे मासूमों की
बलि चढ़ा दी जाती है अकारण ही।

जुनैद को मैं नहीं जानती,
सिर्फ खून से लथपथ तसवीर देखी है अखबार में
उसकी माँ का हृदय-विदारक विलाप सुना है
टी वी के परदे पर, सुना है बयान
उन लोगों का जिन्होंने जुनैद को चाकू भोंककर
मार डाला चलती ट्रेन में
बगैर किसी गुनाह के।

धर्म को पीठ पर लादे
दौड़नेवाले लोगों से
मुझे कुछ नहीं कहना,
धर्म की ओट में वोट हथियानेवाले नेताओं से भी
मुझे कुछ नहीं कहना
धर्म को हथियार बनाकर
मिट्टी को रक्तरंजित करनेवाले बर्बरों से भी
मुझे कुछ नहीं कहना
कहूँ भी तो मेरा स्वर
कहीं नहीं पहुँच पाएगा।

कभी-कभी मैं रोती हूँ
सिसकियाँ भरती हूँ
कभी-कभी क्रोध जर्जरित होती हूँ

कभी-कभी शायद सवाल पूछती हूँ कविताओं में
और फिर से पीड़ा में बदल जाती हूँ छिन में।
धर्म के नाम पर ऐसी दुर्घटनाएँ
आखिर क्यों होती हैं मेरे देश में ?

तान

हिंसक हो उठने की आदत
अब बदल दी है मैंने तान से।

जीभ लपलपाकर घात लगाए बैठा
मेरे अंदर का हत्यारा
अब क्यों डराएगा मुझे
मैं तो अब हिंसक नहीं बनूँगी।

मेरे भीतर सधने लगे हैं सुर
मैं पड़ने लगी हूँ उस सुर की माया में
सुर के सिवाय और कुछ नहीं सुहाता मुझे
मेरी आँखों में अब लक-लक जलती आग नहीं
भर गए हैं बहते बादल
जहाँ-जहाँ चटकती है मिट्टी
वहीं बरसने का किया है प्रण मैंने।

जीवन में इसी तरह
उलटती-पलटती हैं घड़ियाँ
कोलाहल बदल जाती है खामोशी में
और खामोशी दबी-दबी सिसकियों में
जिन दबी-दबी सिसकियों से उठकर
मैं चली आयी हूँ
आत्मा के धिक्कार तैरते-तैरते
अब नहीं लौटूंगी वहाँ।

अब मैं चाहती हूँ मुँह न खुले मेरा
सिर्फ कंठ से झरने लगें गीत
सबके अभिशाप से उबरकर चली आयी हूँ मैं
पछतावे से राह बनाते हुए
अब नहीं चाहती किसी के अभिशाप में रहना।

खुद ही अपनी धुन में बजना
शुरू कर दिया है मैंने
क्या तुम्हें सुनाई दे रही है मेरी तान
सुनाई दे रही है ?
सुनाई दे रही है ?

एक औरत का देश

कविता क्यों लिखती हूँ, नहीं जानती।

कई जरूरी काम करने हैं दुनिया में
जानती हूँ, समझती हूँ,
फिर भी दीवानी रहती हूँ कविता के पीछे।
जिंदगी चल रही है
झाँझ-मृदंग बजा-बजाकर ताल में, बेताल में।
हाइवे पर, गलियों में, घाटी-सड़क पर
पैर पड़ ज़रूर रहे हैं,
पर पैर पड़ने की वैसी कोई खास वज़ह नहीं है।

सच कहती हूँ,
जिंदगी ज़रा भी नहीं थमती।
ज़हर पी-पीकर मरते रहते हैं किसान।
बँधुआ मज़दूर बनकर
परदेस मजूरी करने गया घरवाला
साल दर साल नहीं लौटता,
अकाल महामारी में मुँह बाए पड़ी रहती है जमीन,
पुलिस की गोली से
लुढ़कते चले जाते हैं आदिवासी युवक
नक्सली के नाम पर,
सामूहिक बलात्कार की शिकार
आठ साल की लड़की
आँखें मूँद लेती है मंदिर के गर्भगृह में,

ज़िदगी चलती रहती है
झाँझ-मृदंग बजा-बजाकर अपनी राह।

मेरे भी हैं काम अनेक।
बाँट-बूँटकर खर्च करती रहती हूँ समय
अलग-अलग ठौर पर।
फिर कविता भी अपने हिस्से का हक़ माँगती है
मैं दिखने लग जाती हूँ विकल, विवश
बीच-बीच में मैं भी
खुद से मिलने की इच्छा करती हूँ।
कहीं वाकई खुद से मुलाकात न हो जाए
यह सोचकर ज़िदगी के पीछे
भागने लगती हूँ बेतहाशा।
फिर हँसती हूँ—खुद ही से पूछती हूँ,
कौन हूँ मैं ? मैं तो महज़ एक क्रमिक संख्या हूँ
जो मार्फ़त की जगह पति का नाम,
लिंग की बगल में फिमेल,
धर्म की बगल में हिंदू लिखती हूँ
जाति की बगल में सामान्य श्रेणी
और राष्ट्रीयता की बगल में
भारतीयता की मुहर लगाती हूँ—
हर जगह आधार संख्या लिखती हूँ—
तब जाकर इंसानों में गिनी जाती हूँ।

यहाँ कौन देखता है मेरा हृदय, कौन देखता है
पिछली रात टीवी में देखे बलात्कार से मरी
उस तीन साल की बच्ची के लिए
सारी रात सुबक-सुबक कर रोयी थी मैं,
गौरी लंकेश की हत्या ने मेरे भीतर भी
जलाई थी आग, इस देश में हर दो घंटे में
एक किसान आत्महत्या करने पर
मैं भी अस्थिरता भोगती हूँ।

एक औरत हूँ मैं,
भात पकाने से लेकर बच्चे संभालने तक,
सब्जी काटने से लेकर देव-देवी पूजने तक
न जाने कितने काम हैं मेरे,
इनके बीच देश के बारे में सोचकर
उदास और अन्यमनस्क होने पर
दुनिया चिल्लाती है 'देश को लेकर
एक औरत की भला कैसी चिंता !
व्यभिचार की भी तो एक सीमा है !'

पाठको, एक औरत अपने अंदर
सिर्फ नमक, तेल, सरसों, जीरा ही नहीं
एक देश भी लेकर चलती-फिरती है,
प्रेम से प्रार्थना तक जितनी प्रतिबद्ध होती है,
प्रश्न से प्रतिवाद तक उतनी ही प्रखर।

सात औरतें

सात औरतें सात देवी प्रतिमाओं-सी
उतर आती हैं मेरी नींद में।

पहली औरत ने खोल रखे हैं बाल अपने
बड़ा-सा टीप है सिंदूर का उसके ललाट पर
कहती है, पहचान नहीं रही मुझे,
मैं वही कनक हूँ जिसके साथ
लँगड़ी खेला करती थी गाँव के चौबारे में।
शादी के बाद ससुराल गई मैट्रिक परीक्षा देकर
एक के बाद एक पाँच बच्चे हुए पाँच साल में
और मैं मर गई आखिरी बच्चा पैदा करने में।

दूसरी औरत को कहीं देखे होने-सा लगा
हँसी-रुलाई कुछ जान नहीं पड़ता उसके चेहरे से,
वह सिर्फ ताकती रहती है,
उसकी निगाह से लगता है शायद वह मालती की बेटी है,
जिसने कुछ दिनों तक बर्तन माँजा था हमारे घर
और एक दिन अचानक भाग गई
ट्रक के किसी हेल्पर के साथ
जिसे उसने बेच दिया परदेस में किसी दलाल को
महज़ कुछ रुपयों के लिए।

तीसरी औरत शायद
हमारे गाँव के किसान की बीबी पारो थी !

व्यभिचार करने के कारण
हुक्का-पानी बंद हो गया था उसका
आखिरी समय तक कह रही थी
पेट भरने के लिए धंधा करना पड़ता है।
अब देखती हूँ तो समुद्र की लहरों-सा अफसोस है
और सुबक-सुबक कर रोना मानो
लहरें तोड़ रहा है उसके भीतर।

चौथी औरत मुझे साहित्य पढ़ानेवाली
मंदाकिनी मैडम हैं,
दोनों आँखों में उनकी आग के शोले भरे थे,
बात-बात पर काँप उठती थीं गुस्से से
और शांत पड़ जाती थीं छिन में।
इस अद्भुत आचरण के कारण
पूरे क्लास के बच्चे
बुलाया करते थे उन्हें पगली कहकर।
बाद में सुना मैंने, पति शराब पीकर
रातभर जोर-जोर से पीटते थे उन्हें।
छाती में दर्द
और उनींदापन ढोकर पहुँचती थीं स्कूल वे
ठीक दस बजे।

पाँचवीं औरत मिसेज़ सान्याल हैं।
अलंकार आभूषण से मंडित हो
दमकती हैं वे देवी-सी
मुस्कान से उनके मानों
खुशबूदार फूलों की पंखुड़ियाँ झरती थीं।
एक दिन सहसा चली गई वे,
कैंसर के जीवाणु कुरेद-कुरेदकर खा रहे थे उन्हें
साल-दर-साल से।
किसी को भनक तक लगने नहीं दी उन्होंने,
कहती थीं, जितने दिन जीना है,
मुस्कराते हुए जीओ, जीवन का उपभोग करो।
छठी औरत मेरी माँ है क्या ?

हमेशा डोलती फिरती थी मशीन-सी।
आँगन से बाड़ी की ओर
रसोई घर से पूजा घर तक।
उसकी छाँव में बढ़े हैं हम बच्चे,
बिल्ली के बच्चों से लेकर पेड़-पौधे तक
भले ही भूख-प्यास मिटाया करती थी हम सबकी,
अपना अभाव अफसोस नहीं बखाना
कभी किसी के आगे।

सातवीं औरत का जीवन के प्रति
कोई शिक़वा-शिकायत नहीं है।
ललाट पर नाचा करती थी तेज धूप,
आँखों से रुक-रुककर बरसते बादल और
नसों में दौड़ा करता था लाचारी भरा रक्त
तब भी दुनिया के प्रति जिम्मेवार रहती वह पल-पल
प्रेम जैसी पीड़ा को भी दबा लेती अपने भीतर
पूरी मर्यादा से।
विषाद को बदल देती विलास में
बड़ी सहजता से।

शत्रु

हर मनाही के अंत से
मैं उगती हूँ
फिर से, फिर से।

गलत सही का हिसाब नहीं होता मेरे पास
खेलते-खेलते कभी गिर जाती हूँ
साँप के बिल में
तो कभी आ जाती हूँ बाघ की चपेट में।

सीटी बजाती दौड़ती चली जा रही ट्रेन में
बैठ जाती हूँ, उतर जाती हूँ अगले स्टेशन पर
खोयी खोयी-सी रहती हूँ चढ़ते-उतरते समय।

छोटे-मोटे दु:ख के विलास से
गढ़े जीवन को भोग रही होती हूँ,
कहीं पलभर रुक जाने की
फुर्सत नहीं मिलती,
अहंकार से घायल हो मरने से पहले
मैं दौड़ जाती हूँ खुद ही से,
समय के एक कोने में
खुद को टिका लेती हूँ,
शब्द और शब्द के बीच
थोड़े से शून्य में तब्दील हो जाती हूँ।
क्या यह जरूरी है कि

मैं रहूँगी सिर्फ तुम्हारी घृणा में
या खीझ में
या हिकारत में
या आक्रोश में
कभी न कभी तो मैं रह ही सकती हूँ
तुम्हारी चाहत में !

बस अड्डा

यहीं से उस दिन लौट गया था कोई।

मैंने रुमाल से मुँह पोंछा
और गुटक गई लंबी साँस
ज़मीन पर चींटियों के झुंड
सिर पर मतिभ्रम सूर्य
बीच में मैं त्रिशंकु-सी
एक उजड़े समय का बेसुरा गीत।

उस दिन जो लौट गया था
फिर वापस नहीं आया
साथ ले गया मेरी सारी खिलखिलाहट
ले गया मेरी वेणी तले का अँधेरा
ले गया अधूरा सपना आधी रात का
और गहरी अर्थमयता, सारे मान-मनौव्वल की।

ढेरों लोग आ रहे हैं कहीं से
जा रहे हैं ढेरों
अपने-अपने गंतव्य स्थल की ओर
इसी बस अड्डे से।

मैं खड़ी हूँ उसी दिन से या खड़े हैं
मेरी परछाईं, मेरा प्रेत, मेरा क्लोन।
जबकि मैं पार कर चुकी हूँ इस बीच

पच्चीस गर्मी, बरसात, शीत और बसंत।
मेरी परछाईं बस में चढ़ती है, उतरती है
मेरा प्रेत कुछ दूर आगे बढ़ जाता है,
फिर लौट आता है
मेरा क्लोन एक बस से दूसरी बस में
ढूँढ़ता फिरता है न जाने किसे।

वह बस अड्डा
अब भी आता है सपने में मेरे।
उस चबूतरे पर
दोनों हाथों में दो समोसे लिए बैठा है
एक नन्हा बच्चा और
सीने से पोटली चिपकाए बैठी है उसकी माँ
क्यों बह रहे थे आँसू उस औरत की आँखों से ?
क्या कोई छोड़ गया था उसे यहाँ ?
कौन ! कौन ! कौन !

प्रतिध्वनियाँ लौट आती हैं,
प्रतिध्वनियों का लौट आना ही सत्य है।
अरे नहीं ! मैं नहीं रोयी थी उस दिन,
उस औरत के आँसू
मेरी आँखों से बहते समय
बस सिर्फ एक ही बार चौंकी थी ! नाहक ही।

भाषागान

सबके अहंकार और अंधकार
अवहेलना और अनादर के बीच
दबती चली जा रही भाषा के लिए है
यह विरोध का स्वर।

मतपेटी पर लिपटे गणतंत्र
और उससे टिककर सोई सरकार
क्या सुनाई दे रही है तुम्हें,
यह खाँय-खाँय खामोशी !

अब से स्लोगन या नारेबाजी नहीं
खामोशी ही हमारा अस्त्र है
जो तार-तार कर देगा तुम्हारी नींद।

ये देखो, राजमार्ग पर हमारा जुलूस।
हाथों में मशाल नहीं
गले में चीत्कार नहीं
भाषा को जिंदा रखने के लिए
यह खामोश विरोध है हमारा।

न जाने कहाँ-कहाँ से जुटाया है हमने
यह साहस ?
यह शक्ति
जूझने की ?

इतिहास की गुफाओं से
या किंवदंतियों के घुमावदार मोड़ से
या लोककथाओं के चकाचौंध से
या परछाईं से परछाईं का मन मिलने से
या सभ्यता से सभ्यता की टकराहट से
या अँधेरे की हतप्रभ दृष्टि से
या किसी-किसी की आत्मा के बियाबान से
या समय के साल दर साल इंतज़ार से
न जाने कहाँ से आई है
यह भाषा ! मानव जाति की !

न यह भाषा ब्राह्मण की है, न दलित की
न मध्यवर्ग की है, न मेहनतकशों की।
यह भाषा हमारी है
जिस तरह माँ, जिस तरह माटी
उसी तरह मातृभाषा।

मत करो अनादर,
मत तोड़ो, मत गढ़ो
जीने दो भाषा को
भरोसे से
चाहत से
खूबसूरत संतुलन से।

दुःख

दुःख, कुछ-कुछ पहचाना-सा एक शहर है।

जिस देश में
सालों से रह रही हूँ मैं
उसी देश में है यह शहर।
मेरे जाने-पहचाने हैं
शहर के रास्ते, लोग-बाग, हाट-बाज़ार
बेले की माला बेच रही औरत की
देह की गंध, टिमटिमाती रोशनी
आँखों की।
संयत दृष्टि, सड़क किनारे के केबिनों की
रात भर मँडराते जिद्दी सपनों के
झुंड के झुंड सवाल, शोर-शराबा।

और भी हैं बहुत-सी बातें जो कह नहीं पा रही मैं
मेरे पापों के बीच मँडराती तितलियाँ
मुझे माफ करो।
मैं प्रताड़क नहीं,
जिस तसवीर को मेरा समझ रही हो
वह मेरी नहीं
संयत अनुशासन से छिटका कुछ अँधेरा
हो सकता है परिचय मेरा।

मैं वही भटका हुआ जहाज हूँ
जो बार-बार जाता है तुम्हारे तट की ओर
लेकिन तट पर लगने से पहले
बदल देता है लक्ष्य
सही पते पर पहुँचना
लिखा ही नहीं होता उसके नसीब में
आज इस शहर तो
कल उस शहर डोलता फिरता है
तपस्यारत रास्तों को (रास्ता या भाग्यरेखा)
नींद से जगाकर रोता है, आँसू पोंछता है
हर बार रहस्य बन जाता है।

ऐ प्यारी तितलियों
न जाने किस शहर के खंडहरों को
सीने में दफनाए
बैठी हूँ मैं प्रार्थना-गृह के फ़र्श पर
न जाने किसके इंतज़ार में
किस शहर में

इस वक़्त रात के एक पचास हुए हैं
मेरी कलाई घड़ी में !

आँखें

प्रश्नचिह्न-सी दिखती ये दो आँखें
कह तो रही हूँ मेरी हैं।
विश्वास करो या न करो।

क्या हुआ यदि इन आँखों में कभी
बूँदभर आँसू नहीं छलका
क्या हुआ यदि इन आँखों में कभी
बिजली-सा फैल गया आग का स्रोत
क्या हुआ यदि ये आँखें नज़रें झुकाकर
ज़रा भी नतमस्तक नहीं हुईं
क्या हुआ यदि इन आँखों ने आसमान की ओर
देख उड़ान भरने की ठान ली ?

प्राचीन प्रश्नों के मेले से निकलकर
अकेले खड़ा यह प्रश्नचिह्न
क्यों शिकार होगा किसी के क्रोध का
अवमानना का, टीका-टिप्पणी का, टेढ़ी नज़र का ?

अपनी ही ज्योति से चमक सकती हैं वे,
चूर-चूर कर सकती हैं पुरुषत्व का अहंकार
कर सकती हैं सवाल सभ्यता से
ठुकरा सकती हैं अनुशासन समाज का।

शायद पुराने रास्तों को तहस-नहस कर
बना सकती हैं नया रास्ता अपने लिए
शायद उस रास्ते के दोनों ओर
बो सकती हैं
भावी पीढ़ियों के लिए सुरक्षा
शायद मीलों व्याप्त वह रास्ता
एक अदृश्य साहस
अथाह शक्ति के उत्स के रूप में
उद्‌भासित हो सकता है।

तुम्हें तो दिखती हैं सिर्फ दो आँखें
जिन आँखों में सिर्फ काजल लगना जानते हो तुम
देखा है उन्हें छलछलाते किसी की दया से
दारुणतम दुःख में भी आँखों में आँसू दबाए
दुनिया भर में स्वाभाविक रूप से
आवाजाही करते देखा है तुमने
या फिर क्रोध से लाल होते समय
घटना घटित-अघटित को नज़रअंदाज कर देना भी
जानते हो तुम।

आँखें भी बन सकती हैं प्रश्नचिह्न
खड़ी रह सकती हैं सभ्यता के सम्मुख
स्पर्धा के साथ
आओ, देखो।

पिक्निक

बात बहुत पुरानी है।
मुड़कर देखने पर दिखता है घना जंगल
बह आती है पुलाव और मांस की तरी की महक
सुनाई देने लगती हैं जगजीत सिंह की गज़लें।

किसी-किसी का चेहरा याद आता है
फिर याद नहीं आता।
किसी-किसी की कमीज़ का रंग,
किसी की खिलखिलाहट भरी हँसी
किसी का गुनगुनाता गीत,
किसी का लुभाता नाच
फिर मौका पाकर
किसी का किसी से प्यार का इज़हार
याद आते हैं, फिर याद नहीं आते।

दोने से खीर सपोटते समय
कितना तत्पर था सनातन।
मांस की तरकारी पकाते समय
चखने की कितनी ज़िद थी मुरली में !

माँग-माँगकर कितनी खटाई खा रही थी कल्पना
गाने के हर ताल पर नाचते-नाचते
पैर में मोच आ गई थी वंदना के।
खोड़हे केशव ने

प्याज काटते-काटते अंगुली काट ली थी
दूर बैठा कुत्ता मौका ताड़कर
बंशी का पत्तल खींच ले गया था।
कुछ-कुछ याद आते हैं, और नहीं आते।

क्लास में, खेल के मैदान में, पुस्तकालय में
हमेशा चुप रहनेवाले लड़के ने
उस दिन मुझसे कहा
वाकई कभी-कभी कितनी सार्थक होता है
जंगल में राह भटक जाना !

इसी एक बात से
दिल काँप उठा था मेरा
जैसे भूकंप से
डोल उठता है
पृथ्वी का अभ्यंतर।

सिर्फ इतनी-सी बात कहने के लिए
जितनी झिझक
जुटाई होगी उसने अपने अंदर
मैं आज तक डोल रही हूँ
उससे कहीं अधिक झिझक से।

भूगोल

भूगोल की किताब के चालीसवें पन्ने से निकलकर
मिसीसीपी नदी बहने लगी मेरी शिरा-प्रशिराओं में
पर्यटकों की लंबी कतार, हँसी ठहाका,
विस्मय-विलास की कण-कण रेत है इस नदी किनारे
भोगते रहना ही तक़दीर है सचराचर की।

मछली, केंकड़ा, शैवाल, लताएँ, प्रवाल
स्वच्छंद डोलते हैं नदी में
नदी या नियति ! जहाँ कल-कल करते हैं
मोह, माया, सपने, सिहरन, भय, भ्रम
नदी में जाल फेंकने-सा कोई-कोई
फेंकते हैं तिरछी नज़र नियति पर
कितनी अदम्य इच्छा है मनुष्य की
झाँकने को दूसरे का अंतराल !

सोलहवें पन्ने का वह शहतूत का कीड़ा !
कामनाओं के कार्पेट पर चक्कर काटता रहता है
कीड़े से रेशम कैसे निकलता है
प्रश्न यह नहीं है,
प्रश्न है, वह कीड़ा दिखाई देता है
किस देश, किस जलवायु में ?
प्रश्न है, वह कीड़ा कितना स्वच्छंद
देह की किस डाल पर ?
बाईसवें पन्ने पर बनी

आल्प्स पर्वत श्रेणियाँ
पंक्तियों में खड़ी डूबी रहती हैं बातचीत में
मत पूछो, कितनी ऊँचाई है उन पर्वतों की
योगी से भोगी
क्यों इतने व्याकुल हैं, छूने को शिखर।

तीसवें पन्ने पर है अलास्का।
जहाँ से बर्फ के टुकड़े आकर खिड़कियों से
गिरने लगे हैं कमरे में मेरे
ओले की चोट-सा लगता है सभी को
तीस से अधिक की उम्र न होने के बावजूद
वासना तीव्र होने पर भी
कैसे बर्फ-सी जम जाती हैं कामनाएँ,
कोई नहीं जानता।

यही सच है।
देश-विदेश घूमना अच्छा लगता है इंसान को।
एक नदी से दूसरी नदी
एक पहाड़ से दूसरे पहाड़
इसका मतलब यह नहीं कि सारी मनचाही चीजें
एक ही जगह मिल जाएँगी।

जैसे कि यह मिसीसीपी नदी,
आल्प्स की पर्वत श्रेणियाँ
अलास्का या शहतूत का कीड़ा
देह का भूगोल बन जाना स्वाभाविक है।

जब कविता नहीं लिखती थी

जब कविता नहीं लिखा करती थी
कविता में ही जिया करती थी।
कविता में जीने का अर्थ
मेरे मन के तट से टकराया करती थीं
शब्दों की उत्ताल तरंगें
मेरे मन के बगीचे में खिला करते थे
शब्दों के बेशुमार फूल
मेरे मन के आकाश में उगा करता था
शब्दों के पूनो का चाँद।

मैं खुद ही समुद्र, पृथ्वी और आकाश बन
एक काल से दूसरे काल में चली जाती हूँ
मेरा ध्यान नहीं होता कहीं।

केवल इतने से ही नहीं,
कई और भी तरीके हो सकते हैं
कविताओं में जीने के।
हो सकता है मैं माँड़ निकाल रही-होऊँ,
गर्म-गर्म भाप से सीझ जाते हैं हाथ
उधर मैं पहुँच जाती हूँ
कोढ़ी के घाव पर बैठी मक्खी उड़ाने
या बलात्कार की शिकार लड़की की देह पर
कपड़ा ओढ़ाने
या दुर्घटना में मरे अनजान युवक के

पास पहुँच जाती हूँ पोस्टमार्टम के बरामदे पर
उसे नोच-नोचकर खाने को तैयार
कौवे को भगाने के लिए।
या सांप्रदायिक दंगे में जलकर
राख हुए टोले से
अचानक बच गए जीवन को सहेजने।

लपटों से काले पड़े मेरे हाथ
आज की वास्तविकता है मेरी
बाकी सब चले जाते हैं
अदृश्य रूप से अंतराल में मेरे।

मैं यथा रीति आवाजाही करती हूँ
घर गृहस्थी में।
ऐसे दो हिस्सों में बँटी
जिंदगी जीते समय
कविता भी बँट जाती है दो हिस्सों में
एक हिस्सा होता है आपके सामने
जो बन चुकी होती है कविता
दूसरा हिस्सा मेरी आत्मा का अतलतल
महज़ ज़रा-सी अन्यमनस्कता
जो मुझे कविता से कहीं अधिक
अर्थपूर्ण लगती है
जबकि वह सारे समय
अप्रकट रह जाती है आम लोगों में।

जब कविता नहीं लिखा करती थी
कविता में ही जिया करती थी।

कैनवस पर रात

मेरी इच्छा है
कैनवस पर रात को आँकने की।

मरे साँप-सी पड़ी
रात की पूँछ
छूते ही चोट मारने को
तैयार हो जाती है वह,
मरी नहीं होती,
मरी-सी पड़ी होती है।

उड़िल जाते हैं सारे रंग फ़र्श पर।
मेरी आँखों का रंग, मन का रंग,
उत्कंठा का रंग, उद्वेलन का रंग
कैनवस को देखते-देखते
मैं दु:खी हो जाती।

क्या महज़ रात को आँकने की
चेष्टा है मेरी, कैनवस पर !
स्कूल के दिनों की ड्राइंग-बुक में
आँका था किसी दिन रात को अपने नन्हें हाथों से
जब किसी ने लगा दी थी आग
हमारे गाँव के पासवाली बस्ती में,
आधी रात में जलकर खाक हो गए
दस-बारह परिवार

बड़े मर्मांतक रूप से।
उस आग को आँकते समय ड्राइंग-बुक में,
ड्राइंग सर ने मुझे देखा बड़ी-बड़ी आँखें निकालकर
अज़ीब-सी निगाह से।

दूसरी बार आँका था रात को
अपनी सहेली अनीता की मरी देह पर
ढकी सफेद चादर पर
रात को आँक रही थी जब
उसके घाव के तमाम खून और छटपटाहट के साथ
दुनिया ने देखा मुझे
आँखें तरेरकर क्रोध से।

अवनी काका के मांस का लोथड़ा बने शरीर पर
एक दिन रात को आँकते समय
खबर फैल गई दुनिया भर में
घर से बुला ले जाकर वीभत्स रूप से
हत्या करनेवाले लोगों के आक्रोश से
रुक जाऊँ शायद, इतना ही था भय का कारण
दुनिया के पास।

अब कैनवस पर आँकने बैठी हूँ जिस रात को
कौन-सी रात है वह ?
पूछने लगी है दुनिया छल से।

लाल रंग की या काले रंग की
जले राख की या खून की बूँद की
ढेरों घटनाएँ दुर्घटनाएँ
घटित होती हैं जीवन में, सहज रूप से
तो फिर रात को लेकर क्यों हैं
इतना कुतूहल और कोलाहल !

मुझे मूर्ख कहकर बुलाने लगी है दुनिया
कहने लगी है पागल।

फेसबुक

आज फेसबुक में खोई हुई हूँ।

चिड़ियाँ दाना ढूँढ़कर लौट गईं
अखबारवाले का फेंका अखबार
अभी तक पड़ा है बालकनी में
दो-चार बार बज-बजकर कट गया टेलीफोन
मैं यहाँ इसी तरह बैठी हूँ।

आज चालीस से ज्यादा फ्रेंड्स रिक्वेस्ट है फेसबुक पर
काल रात लोड किए फोटो पर
सौ से अधिक लाइक, बासठ कमेंट
आज जन्मदिन है ग्यारह मित्रों का
उनमें से तीन को मैं जानती हूँ।

हथकरघे की साड़ी, बैग, चप्पल के विज्ञापन
रियायती क़ीमतों पर हैं इसमें
बचपन की सहेली ने अमेरिका से भेजा है
शादी की सालगिरह की तसवीरें
चीन के ग्रेटवाल के पास खड़ी
छोटी बहन की खिलखिलाहट सुनाई दे रही है मानो,
फेसबुक की दीवार की ओट से
हनीमून पर मॉरीशस गए रिश्तेदारों का
युगल जीवन चमक उठा है।

आज फेसबुक पर नई-नई किताबों के लोकार्पण की
खबरों के साथ है कई जाने-पहचाने मित्रों की
कोई न कोई खबर
किसी के घर की बालकनी से दिखता सूर्यास्त
किसी के गमले में खिला बैगनी गुलाब
तो किसी की दीवार पर चढ़ी तुरई और कद्दू की लताएँ
किसी के बगीचे में पहली बार फला संतरा
तो कहीं ट्रेन हादसे में मरे लोगों के टूटे हाथ-पैर
किसी का नई कंपनी में ज्वाइनिंग-लेटर
भूकंप में किसी की उजड़ी दुनिया
तो किसी के पालतू कुत्ते की नासाज़ तबीयत की खबर।

आज दिन भर मैं घूमती रही हूँ।
भुवनेश्वर से बड़ोदरा, कोरापुट से कनाडा
अँइठापल्ली से अमेरिका, लाजिगढ़ से लंदन
दिल्ली से डलहास, बंगलुरु से क्वालालामपुर
कहीं रुककर विभोर हो जाती हूँ तो
कहीं निगल लेती हूँ लंबी साँस
कहीं अपने में खो जाती हूँ तो
कहीं तिलमिला उठती हूँ अतीत से।

देखो तो, सुबह की चाय के कप में
लग गई हैं चींटियों की कतारें
क्या वे पहुँचने को अधीर हैं
पृथ्वी के कोणों अनुकोणों में
ठीक मेरी ही तरह ?

रात की कहानी

रात काफी हो चुकी है
गहरी नींद सवार होते ही
जितनी बार सो जाती हूँ
बार-बार टूट जाती है नींद।

नींद टूटने का कारण पीछे छोड़कर
मैं दौड़ रही हूँ दौड़ रही हूँ
इतिहास को पीछे छोड़कर

वही इतिहास
जहाँ है बिन मुरझाया एक लाल गुलाब
किसी के इज़हार न कर सके प्यार का,
जहाँ है काफी कुछ कहने की सोचने पर भी
एक शब्द तक न कह पाने की विवशता स्थिर होंठों की
जहाँ है निर्वाक् देखने का एक अंदाज़
जिसका सामना करने का साहस
आज तक नहीं जुटा पाई अपने भीतर, एक भी बार
जहाँ है सन्नाटे की खाँय-खाँय
जो कान झन्ना देती है बेला-कुबेला
जहाँ पुण्य-सा लगता है पाप
जो बिजली-सा चमका देता है
आत्मा के अरण्य की ओर जाती राह।

[दो]

उसी इतिहास को पीछे छोड़ मैं दौड़ रही हूँ
नहीं, आधी रात में बार-बार नींद टूटने का कारण
यह इतिहास नहीं
इतिहास को पन्ना दर पन्ना नाव बनाकर
बहा देने के बाद आँसुओं की नदी की बाढ़ में
अब इतिहास
न अट्टहास है, न अफसोस।

बल्कि इतिहास के आवरण पर सूख चुका है
वही बूँद भर आँसू,
आँसुओं की बीच नदी में डूबती नाव से
आती आर्त चीत्कार ही
तोड़ देती है नींद मेरी।

न नदी
न नाव

न आत्मा
न अँधेरा
कुछ भी नहीं मेरा !

न यह रात मेरी है
न मैं इस रात की !

माँ की दुनिया

बेला-कुबेला घर पर मेहमान आ जाने पर
न घबराती है, न परेशान होती है माँ
परोस देती है
आहार, आतिथ्य, आत्मीयता, आदर
बड़े जतन से।

माँ का भंडार-घर
हमेशा भरा रहता है
भाव से, अभाव से
समय असमय से
किसी डिब्बे में बिस्कुट, नमकीन से लेकर
किसी जार में अचार
कहीं बड़ी और पापड़।
माँ का मन भी भरा होता है
हमेशा।
किसी कोने में आह्लाद, आशीर्वाद
तो कहीं नियंत्रण, अनुशासन।
कहीं उत्कंठा, उद्वेग
तो कहीं प्रार्थना के स्वर
जो बाहर नहीं दिखाई देते कभी।

माँ अपनी दुनिया बनाए होती है
समर्पण से, सहनशीलता से
माँ अपने समय को बढ़ाए होती है

धैर्य से, उदारता से
माँ अपने पूरे सपने में बिछाए होती है
पक्षियों के छौनों का आकाश में मँडराने का सामर्थ्य
माँ अपनी संतुष्टि कहने पर समझती है
आपसी समझौता और सौहार्द
माँ अपनी संभावना में बिछाए रहती है
परिवार की समृद्धि
माँ की सुबह और साँझ
बँट जाती है सबके दावे के मुताबिक।

माँ मानो लगातार बहती एक नदी है
गर्मी की असह्य धूप में
जो न कभी सूखती है, ना ही रुकती है
गतिपथ की ऊबड़-खाबड़ राह में
ना ही उफनकर तट लाँघती है
क्रोध, पीड़ा या अभिमान से।

किसी भी स्थिति में स्वच्छंद रहती है माँ
घूमती रहती है अपने रोज़ाना के कक्ष-पथ में।

कभी-कभी अपनी गृहस्थी की ओट से
मैं देखती हूँ माँ को
कैसा दिखता है उसका अभ्यंतर
मैं चौंक जाती हूँ
टुकड़े-टुकड़े हो बिखरी होती है माँ
कब कौन-सा टुकड़ा
किसके काम आएगा इसके लिए
तैयार रहती है माँ।

उन असंख्य टुकड़ों में
सिर्फ माँ का मन ढूँढ़ नहीं पाती मैं
जिसकी ज़रूरत नहीं पड़ती कभी किसी को।

शायद सचमुच में
मन जैसा कुछ नहीं होता
माँ का।

नेपथ्य

मुझे मत ढूँढ़ो।
कहीं से भी आकर पहुँच जाऊँगी
किसी भी वक़्त।

जगह तय करो
अतिथियों के स्वागत के लिए
जिन्हें आना है पर आए नहीं
मेरा क्या है, मैं तो
धूल-धूसरित हो लेट रही होऊँगी किसीके मन में।

या फिर धुन बन गई होऊँगी किसी के सितार की
या राह बन गई होऊँगी किसी के पैरों तले।

बारिश आती है तो आए
परेशान मत होओ मेरे लिए
न जाने कब कहीं
नाव बन कर बह रही होऊँगी
किसी की आँखों की नदी में।

पत्थर से पत्थर रगड़कर
आग निकालनेवाले कुछ लोगों से डरकर
छुप गई होऊँगी शायद
किसी की आत्मा के कोटर में
या षड्यंत्र के पहाड़ के पीछे।

आकाश की ओर पत्थर फेंक रहे
कुछ आवारा बच्चों के चंगुल से बचने के लिए
बहते बादल की पीठ पर सवार हो
घूमने निकली होऊँगी सुदूर मैदान की ओर,
जहाँ लोग बिता देते हैं तमाम जिंदगी
बारिश के इंतज़ार में !

छुपी होऊँगी नदी की गहराई में
शायद एक मछली बन।
फल बनकर फलने के लिए
नदी किनारे मछली पकड़ने बैठे
कुछ लोगों के सपनों में।

तुम्हारी बात याद है
नाटक शुरू होने से पहले पहुँच जाऊँगी।

मंच पर प्रकाश बन
मैं ही चमकूँगी
मैं ही महक उठूँगी बेले का गज़रा बन।

प्रश्न

रात की क़मीज से
झुंड के झुंड प्रश्न निकलकर
मेरे पूरे कमरे में बिखर गए।

क्या ये वे ही प्रश्न हैं
जो मैं पूछ नहीं पायी
किसी अनजाने भय
या परंपरा के प्रति कर्त्तव्य से
माँ से, दादी से
बप्पा से, गुरु जी से
ईश्वर से और समय से ?

वे भी ऐसे प्रश्न
जिनका उत्तर होता
'बड़ी होने पर समझ जाएगी'।

उम्र के साथ गुँथ गए
और भी अनेक द्वंद्व, अनेक उद्वेलन
न जाने कितने प्रश्न
अंत तक प्रश्न बनकर रह गए
और कुछ समा गए समय के भँवर में
कुछ मिट गए मन के कैनवस से
कुछ पड़े रहे मृतवत्
रक्त के अँधेरे में।

अब वर्तमान भी प्रश्नवाचक बन
खड़ा है मेरे सामने।

गहरी नींद में सोई दुनिया को
नींद से जगाकर कई बार सोचा पूछँगी
ढेर सारे प्रश्न।
आँख के कोर में ठिठका एक बूँद आँसू,
परंपरा के पन्ने से निकले
एक पंक्ति के नियम ने
आधे रास्ते में ही रोक दिया
मेरी साल दर साल की शालीनता और मेरे दुस्साहस को
हर बार मेरी आँखों की पुतलियों में
रह गया है नासमझी का बचा हुआ अंश।

प्रश्नों के मौन से अस्त-व्यस्त
अपने कमरे में
मैं किसी को नहीं बुलाती
आत्मीय या ईश्वर
नीरवता से रुद्ध कमरे से
टूटे-फूटे शब्द
दिन-रात चौंकाते रहते हैं मेरा हृदय

उन्हें सह जाना ही
मेरे बाकी बचे जीवन का जंजाल है।

यात्रा

सीटी बजा-बजाकर दौड़ती चली जा रही ट्रेन
क्यों है इतनी उतावली ?
पटरियों पर कुचल देती है सारी संभावनाएँ
किसी की खिलखिलाहट
किसी की प्रतीक्षा, व्यस्तता
तो किसी की पुकार, लंबी उसाँसें।

मैं भी हूँ इसी ट्रेन में
नौ नंबर बोगी में।
कुछ ही देर में उतर जाऊँगी स्टेशन पर
और भूल जाऊँगी ट्रेन को क्षणभर बाद।
उसके उतावले कार्यकलाप, कानों को सालती आवाज
सब कुछ भूल जाऊँगी।
जैसे भूल जाती हूँ बहुत-सी बातें
अति सहज और स्वाभाविक रूप से।

किसी से किया वायदा,
किसी को दिया आशीर्वाद
किसी की चाहत, किसी का हाहाकार
तो किसी का विलाप।

मैं भी कौन-सी अनुशासित हूँ जीवन में !
उस ट्रेन की तरह मैं भी तो
दौड़ती चली जाती हूँ तेजी से मुँह उठाए

अपने लक्ष्य पथ पर
मस्त रहती हूँ अपनी ही धुन में।

पैरों तले मसलती चीटियों की
चीत्कार मुझे सुनाई नहीं देती
उज्ज्वल फूलों-सी खिलने की आतुरता
मुझे बेचैन करती रहती है हरदम।

कब स्टेशन आएगा ?
कब रुमाल हिलाने जैसा
कोई दिखेगा और ट्रेन रुक जाएगी ?
उस रुमाल हिलानेवाले का इशारा
क्यों मानती है ट्रेन ?
मैं भला क्यों मानूँ किसी को ?

जिंदगी तो सीटी बजाती चली जा रही है
मदहोश करनेवाली ताल में, अपनी ही धुन में।

सुनने में अच्छी न लगती एक कविता

बृंदा साहू कौन है मैं नहीं जानती।

उसके खेतों में आग फैलते समय
जल गया मेरा हृदय
वह कीटनाशक पीकर आत्महत्या करते समय
चोटिल हुई है मेरी आत्मा
ये सारी खबरें मैं टी.वी. में देखती हूँ
पढ़ती हूँ अखबारों में
और निकल जाती हूँ दफ्तर सही समय पर
जाते समय रास्ते में सोचती हूँ
बृंदा साहू, अक्षय घरेई,
ध्रुव मरांडी, अर्जुन तांडी जैसे लोग
इस तरह कब तक जान गँवाएँगे ?
कभी कीटों का प्रकोप तो
कभी क़र्ज का बोझ और अभाव
क्यों बनेंगे कारण मौत का ?

आठ साल पहले सेवानिवृत्त
हमारे गाँव के मदन मास्टर भी
कुछ दिन पहले कूद गए थे नौ मंज़िले से
वे किसान नहीं थे
इसलिए उनके बारे में चर्चा का अवकाश नहीं था
जबकि गृहस्थी उजड़ चुकी थी उनकी भी

बृंदा साहू के खेत की तरह
जबकि पेंशन के लिए दौड़ते-दौड़ते
वे भी थक चुके थे, लाचार हो चुके थे
कृषि-ऋण माफ कराने के लिए
किसान-समुदाय बैंक दौड़ने की तरह,
जबकि मास्टर जी की बीबी कैंसर से अब भी जझ रही थी
जबकि चालीस साल की बेटी का विवाह नहीं हो पा रहा था
जबकि बेटा मर चुका था पिछले साल डेंगू से
जबकि सीने की बीमारी मास्टर जी को तोड़ती जा रही थी
जैसे इन किसानों की जिंदगी नर्क बन चुकी थी !
सरकार को ये सब न मालूम था
न मालूम है।

तो फिर टी.वी. और अखबार वालों को क्यों दोष दें ?
वे तो व्यस्त हैं फोटो खींचने में
हीरोइन के पालतू कुत्ते और बिल्ली की
सेलेब्रिटी पति-पत्नी के झगड़े, मतभेद की
सभाओं में नेताओं के ऊँघने की
मंत्री के गले में पड़ी कीमती माला की
विरोधी दल के नेताओं के साथ
विधानसभा में धक्का धुक्की की
मुआवज़ा की घोषणा के समय
मुख्यमंत्री के मुस्कराते चेहरे की।

अब वे धन्यवाद के पात्र हैं कि
कीटनाशक पीते समय
उन्होंने लाइव फोटो खींचा है बृंदा साहू का !

आदमी इतना हृदयहीन कैसे है
इसी एक प्रश्न से परेशान है
सुबह, साँझ, दोपहर मेरी।

इस वक्त बृंदा साहू की मौत
मुझे जितना परेशान कर रही है

उतना छिन्न भिन्न कर रही है
आदमी की अमानवीयता।

अपनी पीड़ा के साथ, प्रश्न के साथ
लज्जा के साथ, क्षोभ के साथ
खीझ के साथ, विवशता के साथ
मैं भी बहती चली जा रही हूँ बहाव में।

टी.वी. का बटन बंद करके उठ जाती हूँ
दफ्तर पहुँचना होगा सही समय पर !

जिस रात नींद नहीं आती

आज रातभर के लिए
मैं बुला लाई हूँ तुम्हें
अपने अभ्यंतर में, चुपचाप
सबसे छुपाकर।

आज रातभर के लिए
मैं तारा बन जल रही हूँ
कामनाओं के आकाश में
छत पर फिर भी सूख रही है
मेरी पहनी हुई साड़ी
खिड़की की रेलिंग में चिपकी हुई है
थोड़ी-थोड़ी अन्यमनस्कता और आतंक।
कमरे के कोने-कोने में पड़ी है बेबाक वास्तविकता
मकड़ी के जाले में लटकी हुई है मेरी सक्षमता।

आज रात भर के लिए
मैं निकल आई हूँ अपने अंदर-से, सावधानी से
सिर्फ मेरी देह ही सोई हुई है खाट पर
कोई नहीं जानता मैं अभी अभिसार में हूँ
तुम मछली बन डोलते फिर रहे हो
मेरे रक्त की झील में।

सारी दुनिया सो रही है गहरी नींद में
सो रही हूँ मैं भी।

सिर्फ परछाईं मेरी निकल आई है अभिसार के लिए।
अब याद आ रहा है
जिस रात नींद नहीं आती थी
मैं और मेरी परछाईं
लुकाछिपी खेला करते थे कमरे में
उसके बाद मैं कहीं तो मेरी परछाईं कहीं और
मेरी भौंहों के बीच धधकती आग तो
परछाईं के पूरे ललाट पर अँधेरा है, स्थिर मुद्रा में।

केवल रक्त की झील में नहीं,
वह मछली तैर सकती है आग में आसानी से
कोई विश्वास नहीं करता इस बात को
क्योंकि सभी जानते हैं
मछली तैर सकती है नदी में, तालाब में,
समुद्र में या एक्वेरियम में।
पर मछली तैर नहीं सकती
मनुष्य के रक्त में कभी
न तैर सकती है आग में।

सबका विश्वास देखकर मुझे हँसी आती है
लोग कितने मासूम हैं,
विश्वास करनेवाली बात पर विश्वास नहीं करते
अविश्वसनीय बातों को
गाँठ लगाकर रखते हैं अपने ह्रदय में।

शब्द खो गए

न जाने कहाँ शब्द खो गए।

शब्दों को खोना था, खो गए
यह सोचकर मन को समझा लेती हूँ शायद
शायद अँधेरा कुछ और गाढ़ा होकर
समा जाता है मेरे खून में
शायद कविता न लिख पाने का दुःख
स्थिर अन्यमनस्कता बन रह जाता है
मेरी आँखों की पुतलियों में
शायद कुआँ-कुआँ की रुलाई
उत्ताल लहरें तोड़ रही है
मेरे हृदय-सागर में लगातार
ये सब आसानी से नज़र नहीं आते किसी को।

आज शहर का तापमान कितना है
कोई पूछता है तो, उत्तर लौटाती हूँ मैं
कर्नाटक में सरकार किसने बनाई
उत्तर देती हूँ मैं, जम्मू कश्मीर में
राष्ट्रपति शासन लागू हुआ या नहीं
उत्तर देती हूँ मैं, किसी चीज पर
कितना प्रतिशत जी एस टी है
तपाक से उत्तर देती हूँ मैं।

ये सब जीने के लिए ज़रूरी है।
और कविता ? मेरे अंदर से पूछ रहा है
झिझकते हुए कोई।

उत्तर देने-देने को होती हूँ मैं कि
मेरी ओर दोनों हाथ बढ़ाकर
तेजी से बढ़ता आ रहा जीवन
वह उत्तर भी मुझसे झपट लेता है।

कविता जानती है, बिना कुछ कहे
थोड़ी देर चुप्पी साध लेना भी
उसकी परिपाटी का एक हिस्सा है।

वह घबराती नहीं
मुझे दिलासा देती है।

दांपत्य

खुद को फिर से गढ़ने के लिए
मैं आई हूँ तुम्हारे पास।

जिस मंत्रोच्चारण से शुरू हुई थी
हमारी हँसी-रुलाई की सुबह
अब उसे काफी साल हो चुके हैं।

तमाम गर्मी, बारिश, ठंड सहकर
अपनी-अपनी ज्वाला में जलकर
हम कुछ और सख्त हो गए हैं
सहनशीलता में, धैर्य में
है ना !

जिंदगीभर के तमाम समर्पण
उड़ेल देने के बावजूद
जिंदगी से, जंजाल से छुटकारानहीं
तुम्हारा, मेरा भी।
कहानी जैसा लग रहा है।
वही कहानी, जो सुनाओगे सुनाओगे कह कर
तुम ले गए मेरी सारी रातों का अँधेरा
वही कहानी, सुनूँगी सुनूँगी सोचकर
मैंने उत्कंठा में बिता दिए सारे प्रहर।

उसके बाद कहीं न कहीं से सुनाई दी है
एक हाहाकार।
तुम्हारी या मेरी ?

घुप्प अँधेरे में
तुम चल रहे हो मेरा हाथ थामकर
किस अनजाने सुख से विभोर मेरी पलकों से
बह रहा है एक झरना, उष्म परितृप्ति का
मेरे अज्ञात पाप और भटकाव भरे अरण्य में
तुम चले जा रहे हो मेरा हाथ थामे
मैं पार कर चुकी हूँ रात, आँधी-तूफान भरी।

सारे झूठेपन से परे खड़े मेरे प्रेमी
तुम जैसे पहले थे
अब भी उतने ही सुंदर लगते हो
चमक रहे हो, चमकते जा रहे हो।

सारी दुविधाओं की पोटली पटककर
मैं आई हूँ,
आओ, तुम मुझे अपने तरीके से गढ़ दो।

ज्यादा समय नहीं लूँगी

मैं ज्यादा समय नहीं लूँगी,
संभवतः पाँच मिनट, तीन मिनट,
या दो मिनट से कुछ सेकेंड कम
यदि तुम्हारा धीरज फिर भी बोल जाए
आधे मिनट में खत्म कर दूँगी अपनी प्रेम कहानी
जो शायद बदल न पाए किसी के जीवन का
दृष्टिकोण, शायद साफ न कर पाए
किसी की भावना की अँधेरी दिशा।
संतरा छीलते समय
जिस तरह की सुगंध पसर जाती है
कुछ वैसी ही महक शायद फैल सकती है
किसी की आत्मा के गली-गलियारे में, आँखों में बरसना
शुरू करनेवाला एक नन्हा बादल राह भटककर लौट सकता है,
साफ दिख सकता है अस्पष्ट अतल तल।

मेरी प्रेम कहानी में कुछ भी नहीं कहने जैसा
सिर्फ एक विशाल शून्यता है।
जैसे मीलों मील फैली खेतों की हरियाली
हरियाली के बारे में कहते समय आँखें मूँदकर
अहसास करने के सिवाय और कुछ नहीं होता
उस ज़रा-सी अनुभूति के लिए
कोई एक मिनट लेता है तो कोई पूरी जिंदगी
जिसे बयान करने को मेरे शब्द कम पड़ जाते हैं हमेशा।

कहा जाए तो हमारा प्रेम है ही क्या !
एक घने जंगल में बार-बार खो जाना
हमारा प्रेम कहा जाए तो क्षणभर के लिए आकाश में
उल्कापिंड की तरह जलकर बुझे बिना
एक कोने में दो तारों की तरह अनंत काल तक
चमकना और चमकते चले जाना है
हमारा प्रेम कहा जाए तो अस्त-व्यस्त रातों में
आकाश की ओर देखकर
चुपचाप घंटों बैठे रहना है।

लोग नहीं समझते
अंतहीन निर्जन द्वीप में
टिमटिमाती रोशनी में कितना अद्भुत दिखता है
हमारा प्रेम।
एक-दूसरे से हजारों योजन दूर रहकर भी हम
आलिंगन में मत्त रहते हैं, हँसते हैं, रोते हैं,
रूठते हैं
लोग प्रेम को एक बँधे-बँधाए साँचे में
सीमित करके देखने में आनंद पाते हैं।
तभी उनको भनक नहीं लगती हमारे प्रेम की

जब शहर नींद से जगता है,
कोई नहीं जानता
कब कली बन गई फूल !

रिक्शा

बत्तीस साल पहले बैठी थी रिक्शे में,
आखिरी बार, कटक में।

अब पचास के लगभग हूँ।
शाहरूख खान की फिल्म देखने
पहुँचे थे हम सिनेमा हॉल रिक्शे से
सड़क किनारे फुटपाथ पर फल बेच रही अम्मा की
नज़र पड़ने ही वाली थी कि सिर फेर लिया था मैंने
कहीं पहचान न ले इस डर से।
गोलगप्पेवाला, ठेले पर सब्जी बेचनेवाला बूढ़ा,
पार्क, रेस्त्राँ पार करके सिर्फ तीन किलोमीटर
पहुँचने में पूरी तरह भीग चुकी थी पसीने से।
प्यार करना भी मुश्किल है सचमुच, पहचाने शहर में !

अब याद नहीं फिल्म की विषय-वस्तु,
याद नहीं किस तरह खो गए थे तुम हीरोइन
हीरो से जुदा होते समय,
याद नहीं फिल्म खत्म होने तक
क्यों तुमने नहीं कहा था एक भी शब्द मुझसे,
हीरोइन मौत से जूझते समय भींचकर पकड़ लिया था
मेरा हाथ एक पल के लिए
फिर अँधेरे में खो गए थे
याद है तो बस इतना ही।

वह क्षणिक स्पर्श मुझे अब भी बेचैन करता है।
आधी रात को नींद से जगाकर पहुँचा देता है कहीं और
वही सिनेमा, वही सिनेमा हॉल,
हीरो-हीरोइन का प्यार में जीतने का संघर्ष,
हाल के भीतर का अँधेरा,
अँधेरे में खुद को भुला देने की अधीरता
सबका सामना करके मैं आतंकित हो जाती हूँ।
नींद में बड़बड़ाती हूँ, नींद में दौड़ती हूँ, नींद में ढूँढ़ती हूँ
उस दिन के तुम को, तुम्हारी स्थिर आँखों को
जो मुझे आज भी ले जाती हैं मेरे आपे से बाहर,
मैं, मैं होकर नहीं रहना चाहती,
चाहती हूँ, फिल्म खत्म न होती तीन घंटों में
फिल्म खत्म होते-होते खत्म हो जाती मेरी आयु
तुम्हें पा लेने की हक़ीकत में।

आज भी तुम्हारी याद आने पर
मैं रिक्शे में बैठकर निकल पड़ती हूँ कल्पना में।
कल्पना में आँकती हूँ उस फल बेचनेवाली अम्मा का चेहरा
गोलगप्पेवाले, ठेले पर सब्जी बेचनेवाले बूढ़े,
पार्क, रेस्त्राँ की तसवीर, सिनेमा हॉल में लगे बड़े पोस्टर
देह से देह छुलने का सिहरण और तुम्हारी आँखें,
आँखों की अथाह गहराई।

उस गहराई में मैं डूबती चली जाती हूँ
न जाने कब भोर हो जाती है।

कहने को कुछ नहीं होता

कहने को कुछ नहीं होता
किसी एक दृश्य से दूसरे दृश्य में
कूद जाने का साहस
बन जाती है विषादतम पंक्ति
कविता की।

न जाने कहाँ-कहाँ गिरती-पड़ती
भागती रहती हूँ मैं बेतहाशा
मेरे पीछे-पीछे इतिहास
इतिहास के पहाड़, नदी, समुद्र
धर्मपीठ और युद्धक्षेत्र
वन-जंगल और रास्ता-घाट

सबमें है कुछ न कुछ
बचा हुआ अँधेरा
पत्थर बन चुकी लज्जा
न सूख पाई रक्त की धार
ज़ाहिर न हो सकी सच्चाई
सबमें है कुछ न कुछ अफसोस।

सिर्फ इतिहास से ही नहीं,
वर्तमान से भी भागती हूँ मैं।
अखबार के पन्ने की तरह

रहस्य बुनती हूँ, रद्दी बन जाती हूँ।
कुछ खबरें तैरती रहती हैं मेरे रक्त में
कुछ खबरें रूंधती रहती हैं मेरी साँसें
कुछ खबरें बदलती चली जाती हैं आँधी में
कुछ खबरें कनकनाते ठंडे पानी की तरह
कँपकँपा देती हैं मेरे मन को।

सात मृत बच्चे निकल आते हैं
अखबार के पहले पन्ने से
दीवार गिरने से दब गई होती है
उनकी मुस्कान
दो एकम दो, दो दूनी चार
पहाड़े का स्वर।

उनके माँ-बाप के फूट-फूटकर रोने को घेरकर
जमने लगा था राजनीति का अखाड़ा।
अखबार के क्षेत्रीय पन्ने से निकल आती है एक औरत
जिसे नंगा करके घुमाया गया था गाँव में
उस अत्याचार को बड़े चाव से देख रही थी जनता
वह औरत अपनी चिता से उठकर पूछ रही थी
देखो, मेरे खुले बदन को देखो,
क्या तुम्हारी अदालत, तुम्हारे अखबार
लौटा सकेंगे मेरी वही पुरानी इज्जत
लौटा सकेंगे मेरे बच्चों को उनकी माँ
मेरी हँसती खेलती दुनिया !

राष्ट्रीय पन्ने से रह-रहकर निकल आती है
कठुआ की उस आठ साल की बच्ची की किलमिलाती चीख
घोड़ा चराते समय जिसे उठा ले गया था
हैवानों का एक दल
मंदिर के पुरोहित के साथ मिलकर
छह-सात हैवानों ने
मंदिर के भीतर ही नोच डाला
उस आठ साल की बच्ची को,

मांस की गठरी बन जाने पर भी
घर की चिंता थी उसे,
मरते समय भी बड़बड़ा रही थी वह,
'माँ, घोड़े घर पहुँच गए ना ?'

कभी-कभी अखबार के अक्षरों से
स्याही की गंध नहीं
निकलती है ताजे खून की गंध !
तिलमिला उठता है मेरी आत्मा के भीतर का मज्जा।

अंतर्राष्ट्रीय पन्ने से निकल आती है
एक दस साल की लड़की
बना दी जाती है कुमारी देवी
जिसे धरती छूना मना है,
सहेलियों को छूना मना है
जीवनभर विवाह करना मना है,
पुरुष का साथ मना है,
तरह-तरह की पाबंदियाँ।

अपने सुडौल शरीर,
निरोगी चिकनी चमड़ी के कारण
वह बन चुकी है परंपरा के हाथों की कठपुतली
खेल के बीच से उठकर
लाल और पीला वस्त्र पहन,
अलंकार, आभूषण से सुसज्जित
वह नन्हीं लड़की अद्भुत सुंदर लग रही है
धूप, दीप, नैवेद्य से
उसका इर्द-गिर्द महक उठा है
आज देवी बन पूजी जा रही है वह
पर उसका भविष्य असह्य होने जा रहा है।

सारी विधियाँ ठीक-ठीक संपन्न करने के बाद
खुद से पूछ रही है उसकी माँ
इतनी बड़ी दुनिया में

मेरी ही बेटी को सहना था
यह विडंबना जीवनभर !

अँधेरा भी नक्षत्र-सा चमक सकता है
रच सकता है अद्‌भुत लीला !

नहीं। भविष्य की बात मैं नहीं करूँगी
मेरे अंतहीन प्रस्थान से गढ़ा एक समय
भ्रम में ही सही चमकता रहे चमचम।

दुनिया को जरा और भी
खूबसूरत देखने की आतुरता
सबके मन में
स्फटिक बन लुढ़कता रहे।

www.ingramcontent.com/pod-product-compliance
Lightning Source LLC
LaVergne TN
LVHW012018041026
849558LV00004B/158
9789390916986